SALES WORKOUT 세일즈 워크아웃

정말 세일즈 문제 맞나요?

1장 | 운동업계 세일즈의 현 상황
- 가심비와 가성비 모두 저평가되는 아쉬운 운동 업계 ... 10
- 운동업계 세일즈는 왜 어려울까? ... 14
- 차별화를 만드는 3가지 방법 ... 18
- 고객이 우리 센터를 찾아오지 않는 진짜 이유 ... 22
- SNS 관리의 중요성 ... 25

2장 | 고객의 마음을 관통하는 강력한 세일즈 스킬
- 세일즈에도 학습이 필요한 이유 ... 30
- 세일즈의 심리학 ... 32
- Icebreaking(아이스브레이킹) ... 35
- Tension(고객과 적절한 거리) ... 38
- Interaction(상호작용) ... 41
- Perfect 'YES'(더블바인드) ... 43
- 형평성과 역제안 ... 47
- '진짜' 리미티드 에디션 ... 50
- 수사적 질문(당연한 질문의 힘) ... 53
- Highend & Hospitality(하이엔드 & 호스피탈리티) ... 55
- 넛지와 사회적 증거 원칙 스킬 ... 58
- 프레임 전환 스킬 ... 61
- 키워드 스킬 ... 63
- The best is the best(최선이 최고의 스킬) ... 65

3장 | 대형 센터와 소형 센터의 차별화 방법
- 대형 센터(OT)의 차별화   72
- 소형 센터(PT 상담)의 차별화   78
- 공통   90
- 세일즈의 본질, 재등록   95

4장 | 세일즈 관련 Q&A

고객질문
- 가격이 너무 비싸요   100
- 다른 곳도 둘러보고 와도 될까요?   104
- 한 달 뒤에 다시 와서 결제해도 되나요?   107

강사질문
- 부모님이 허락해야 결제가 가능하다고 할 땐 어떻게 해야 할까요?   109
- 1회당 가격을 올리고 싶은데 어떻게 해야 할까요?   111
- 고객이 가격 부담으로 망설일 때는 어떻게 해야 할까요?   113
- 매월 지출하는 소액을 모아서 PT에 투자하라고 하는 세일즈 방법은 괜찮을까요?   115
- 고객에게 어느 정도 선을 지켜야 할까요?   116
- 고객이 예약 후 노쇼를 많이 합니다. 해결 방법이 없을까요?   119

Now and forever, sales

정말 세일즈 문제 맞나요?

"강사님, 저는 세일즈 스킬을 배워도 현장에 적용하기가 어려워요."
"우리 센터가는 다른 센터보다 가격이 높아서 그런 걸까요.
 상담 받으시고 당일에 결제를 하지 않는 고객이 많아요."
"고객님이 지출해야 할 곳이 많아서 재등록은 어려우실 것 같다고 합니다."

2023년은 여전히 불황이고, 대부분의 소비자는 다양한 업종에서 소비를 줄이기 시작했다. 그런데 정말 불황이 맞는지 나는 여전히 의문이다. 평일 저녁이나 주말마다 맛집과 술집은 시간이 갈수록 사람들로 더욱 붐비고, 장사가 잘되는 곳은 경기의 흐름과 상관없이 더 잘 되고 있으니까 말이다.

얼마 전 인스타그램에서 유명한 카페에 갔는데, 아메리카노 1잔 가격이 무려 15,000원이었다. 동네에서 파는 아메리카노보다 약 5~6배는 비싼 가격인데도 불구하고 대기 번호는 100번이 넘었고 사람들은 줄을 서서 기다리고 있었다. 나는 이렇게 아이러니한 상황을 관찰하면서 소비와 세일즈에 관하여 깨달은 것이 있다.

'경제 상황이 좋고 나쁨이 사람들의 소비력에 영향을 주지만 그럼에도 불구하고 가치

가 있다고 생각하는 것에는 확실한 소비가 이루어지는구나.'

그렇다면 모든 사람들이 운동을 '필요하다고' 느낄까? 대부분 마음속으로는 대부분 운동의 필요성을 필요하다고 느끼겠지만 지금 당장은 필요하지 않은 사람도 있고, 운동을 할 만한 동기가 없었던를 느끼지 못하는 사람들도 있을 것이다.

그렇다면 지금 당장 운동을 하지 않는 사람들도 운동이 필요하다고 느끼는 이유는 무엇일까? 크게 2가지 이유를 들 수 있다.

1. 건강한 삶을 위해
2. 예쁘고 멋진 몸을 만들기 위해

그러면 우리는 고객이 원하는 이 2가지의 니즈(필요성)를 가지고 세일즈를 진행하면 되는 걸까?

첫 번째부터 이야기해 보자. 불과 몇년전과는 다르게 건강에 대한 중요성과 그에 대한 소비문화는 점점 증가하는 추세다. 특히 팬데믹으로 인해 기타 여가생활에 제한이 생기고 건강에 대한 이슈가 커졌을때 사람들은 본인의 건강을 챙기기 위한 관심이 더욱 늘었다. 특히나 최근 몇년간 바디프로필이라는 목표와 자랑하고 싶은 욕구와 수요가 폭발적으로 증가했다. PT와 운동을 하는 목적이 건강과도 연결되지만 결국 가장 구매률이 높은 해당 20~30대가 향유하는 문화적 허영심과 기대치가 더욱 앞서기 때문에 이를 포장하기 위해 건강이라는 주제를 자연스럽게 끌어온다는 뜻이다.

또한 예전과 달리 이제는 단순히 운동을 꼭 트레이너에게 배워야 하는 것이 아닌, 다양한 미디어를 통해서도 올바른 운동법을 배울 수 있는 시대가 되었다. 20~30대에게는 건강이 다소 추상적인 개념으로 다가올 수도 있는 부분임에도 불구하고 이제는 알아서 똑똑하게 자기관리를 하는 사람들이 많아졌다.

두 번째는 PT를 구매하는 이들에게 가장 많이 들을 수 있는 니즈 포인트다. 나이와 성별을 불문하고 다이어트와 근육량 증가를 통해 예쁘고 멋진 몸을 만들고 싶은 욕망은 남녀노소 누구에게나 있다. 하지만 그중에서도 2030세대의 욕구가 가장 크다. 그래서 오히려 이들에게는 운동으로 예쁘고 멋진 몸을 만들면 건강은 자연스레 따라온다고 말하는 것이 더 설득력이 있다. 사람은 누군가에게 인정받고 싶어 하고 더 나아진 자신의 모습을 통해 자존감을 높이는 사회적 존재라는 것을 잊어서는 안 된다.

아무튼 우리는 이렇게 필수재가 아닌 '운동'을 판매하기 위하여 큰 노력을 한다. 특히 운동업계 세일즈 특성상 첫 상담과 1~2회 체험수업 후 결제 여부가 결정되는 경우가 매우 많다. 그렇기 때문에 한정된 시간 안에 세일즈의 성공률을 높이기 위하여 다양한 스킬을 배우려고 노력한다. 하지만 여러 세일즈 스킬을 적용하기에 앞서 꼭 기억해야 할 것이 있다. 누군가의 몸을 관리하는 강사는 본질적인 트레이닝 실력이 출중해야 하며, 사람을 이해하는 인문학적인 소양도 꾸준히 업그레이드해야 한다. 오히려 특별한 세일즈 스킬이 없어도 이 2가지가 출중한 강사는 신규 등록과 재등록이 알아서 따라오게 된다.

본인의 트레이닝이 지금보다 더 높은 가격을 받아야 한다고 생각한다면 현재 수업을 진행하고 있는 고객 모두에게 제안해 보자. 고객님들 중 80% 이상 추가 금액을 결제해서라도 재등록을 하겠다고 말한다면 당신은 본질이 어느 정도 채워져 있는 사람이다. 하지만 그렇지 않다면 세일즈 스킬을 익히기 전에 '본질'을 업그레이드하는 데 투자하라. 당장 나가서 고객과 더 소통하고, 자신의 트레이닝 실력을 높이는 데 힘쓰란 얘기다. 강사가 본질이 없는 상태로 세일즈 스킬만 늘리는 것은 실패로 가는 지름길이다.

여기서 말하는 본질에는 고객의 마음을 사로잡는 부분도 포함된다. 세미나에 참석해 트레이닝 전문 지식이나 세일즈 등을 배우거나, 자격 사항이 많다고 해서 반드시 실력 있고 가치가 높은 강사는 아니기 때문이다. 고객과 기본 조건이 맞고 고객의 요구에 맞추어 목표를 이룰 수 있도록 도와준다면 해당 고객에게는 본질이 잘 갖춰진 강사다.

트레이너의 궁극적인 역할과 고객들이 트레이너에게 원하는 가치는 무엇인지를 먼저 파악하기 바란다. 세일즈를 잘하는 사람들은 세일즈 스킬뿐만 아니라 본질을 업그레이드하기 위해 끊임없이 시간을 투자한다. 이 책에서 소개하는 여러 가지 세일즈 스킬을 적용해 보기 전에 트레이닝이나 고객 만족 부분에서 나온 피드백을 철저하게 확인하라.

본질을 점검한 다음, 세일즈의 세계로 들어가 보자.

1장

운동업계 세일즈의 현 상황

세일즈 워크아웃

**SALES
WORK
_OUT**

가심비와 가성비 모두 저평가되는 아쉬운 운동 업계

호텔에 들어갈 때 인사를 안 하는 직원은 없다. 하지만 고객이 헬스장에 들어갈 때 인사를 안 하는 강사는 있다.

미용사가 당일 노쇼를 하거나 예약 시간을 바꾸는 경우는 거의 없다. 하지만 운동업계 강사가 당일 노쇼를 하거나 예약 시간을 바꾸는 경우는 생각보다 빈번하게 발생한다. 왜 이러한 현상이 생길까? 나도 트레이너로서 거의 10년 동안 일을 하면서 느낀 심리를 기반으로 답을 추려보았다.

1. 본인에게 이득이 될 것 같지 않아서
2. 고객이 자기보다 만만해 보여서
3. 직업에 대한 사명감이 없어서

나는 헬스장에서 일할 때 PT를 안 받고 개인 운동만 하는 고객들에게도 당연하게 인사를 했다. 또 그들을 고객님, 회원님이라고 부르기보다는 이름을 기억하고 불러주니 자연스럽게 신뢰 관계가 형성되었다. 그 덕분에 여러 곳에서 PT 문의와 소개가 들어왔다. 또한 고객이 변화를 추구하고 실제로 변하는 모습을 보면서 기뻤고 진심으로 그들을 응원했다. 이제는 강사가 아닌 대표로 센터를 운영하고 있어도 이 마음은 여전하다. 이처럼 세일즈의 기본은 친절하고 진정성 있는 태도이다.

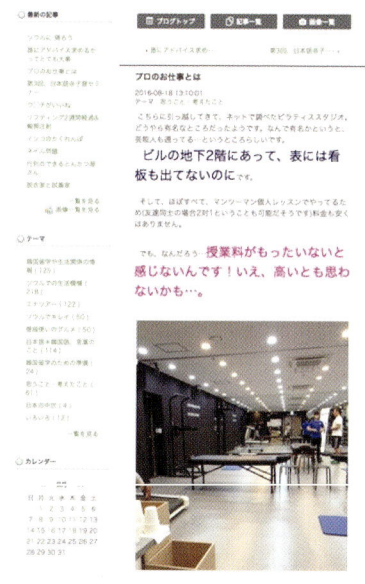

(번역)

"이사 오고 나서 인터넷으로 찾은 PT 스튜디오. 꽤 평가가 좋고 인기있어 보였다. 연예인도 트레이닝을 받으러 올 정도로 평가가 좋았다.
지하 2층에 위치해 간판이나 입구를 찾기 어려웠지만, 유명세가 있는듯했다.
처음에는 수업료가 상대적으로 높다고 느껴졌지만 1:1 레슨으로 체계적인 수업이 진행되는 것이라 비싸다는 생각이 바뀌었다."

[출처: 일본 고객 블로그 후기]

내가 트레이너 경력 1년 차에 일본인 고객님에게 받은 후기다. 고객님은 본인의 블로그에 내가 일했던 센터와 내 트레이닝에 대한 장점을 나열했다. 지하 2층에 간판도 달지 못해서 온라인으로만 홍보해야 했던 시절에 받은 프리미엄 후기였다. 나는 2016년에도 회당 7만 원, 9만 원을 받으면서 수업을 진행했고 고객들이 가격이 비싸서 재등록을 안 하는 경우는 거의 없었다.

그 이유를 곰곰이 생각해 보았더니 한가지를 깨닫게 되었다. 그 당시에 나는 부족한 경력으로 인해 실력이 출중하지 않으니, 노련미는 없어도 진정성과 고객의 변화를 위한 열정을 100%가 아닌 200%로 보여드리기 위해 노력했다. 자격도 경력도 부족하면 고객이 더 나아질 수 있도록 바라고 도와주는 것만이 내가 할 수 있는 일이라고 생각했다. 오로지 이 마음 하나로 일을 했는데 고객은 아무 말 없이 나에게 100회가 넘는 PT 비용을 결제하고 재등록을 이어갔다.

세일즈의 본질을 자연스레 알게 된 것은 이때부터였다. 나는 당시에도 고객이 재등록을 할까 안 할까 보다는, 고객이 이 기간에 '얼마나 더 변할 수 있을까'와 '얼마나 더 만족할 수 있을까'를 고민했다. 지친 일상에서 주 2회씩 PT를 받으러 오는 고객을 지루하게 하거나 더 지치게 하는 트레이닝은 하고 싶지 않았다. 이것이 세일즈의 본질이다. 이것부터 갖추고 세일즈 스킬을 익히자!!

그리고 이 업계는 한 가지 문제가 더 있다. PT 서비스를 제공하는 강사에게 '선생님'이라는 호칭이 붙다 보니 정말 본인이 임용고시를 보고 합격한 선생님처럼 행동하는 경우를 많이 본다. 심지어 선생님들도 하지 않는 행동을 할 때도 있다. 그것은 바로 고객과의 사적인 교제, 언쟁, 폭언, 대화 중 선을 넘는 행위, 폭력 등 이게 과연 선생님이 하는 행동일까? 심지어 선생님이라는 사람한테 1회당 최소 5만 원 이상을 지불하고 있는 고객에게 말이다.

절대적으로 트레이너와 고객은 스승과 제자 관계가 아니다. 고객은 돈을 내고 정당하게 서비스를 구매한 '소비자'다. 그런데 유대감이 형성되고 관계가 깊어질수록 오히려 이를 악용하는 트레이너들이 많아지고 있다. 본인이 편하고 유리한 쪽으로만 트레이닝하거나 본인의 뜻대로 되지 않는다고 고객의 자존감을 깎아내리며 말을 하는 트레이너도 있다.

또한 센터의 위치나 마케팅 덕분에 수요가 끊이지 않는 것을 본인의 능력이라고 착각하는 트레이너도 많다. 그런데 아이러니하게도 능력 대비 월급을 많이 받아 가는 트레이너들이 이러한 착각을 많이 한다. 지금 수업을 진행하고 있는 고객 중에서 센터의 도움 없이 스스로 모은 고객의 비율이 최소 30% 이상이 되는지 체크해 보라. 그게 아니라면 당신은 분명히 센터의 도움을 받고 있는 것이고, 고객에게 더욱 기본을 지키고 겸손해질 필요가 있다.

운동업계 세일즈는 왜 어려울까?

운동업계 세일즈가 어려운 이유는 운동이 '필수재'가 아니고 '인간의 3대 욕구'를 즉각 충족하는 서비스도 아니기 때문이다. 즉 운동은 지금 당장 해결해야 하는 문제가 아니며, 운동을 통해서 식욕, 성욕, 수면욕이 즉각 충족되는 것도 아니다. 또한 힘들게 움직이고 식욕을 '억제'해야 비로소 변화가 이루어진다.

힘들게 움직이는 것을 좋아하는 사람들이 과연 얼마나 될까? 또한 강사는 고객이 변화를 경험하면서 가치와 재미를 느낄 수 있도록 해주어야 하고 지금 당장 결과가 보이지 않아도 운동을 계속할 수 있는 꾸준한 동기도 줘야 한다. 심지어 이 동기부여 또한 고객과 잘 맞아야 한다. 예를 들어 10kg 감량을 원하는 고객에게 총 5개월 계획을 세워 주더라도 고객이 중도에 포기한다면 의미가 없기 때문이다. 하지만 이러한 상황에서도 절대 고객을 탓해서는 안 된다.

나는 세일즈와 관련된 내용과 사람의 심리를 다양한 관점에서 연구했다. 그중에서도 핵심을 한 가지 말하자면 사람은 무언가를 얻을 때 최대한 덜 노력하고 쉽게 얻으려고 하는 본능을 가지고 있다는 점이다. 행동심리학에서는 이를 '즉각적 보상 선호성'과 '낮은 노력 편향'으로 설명한다. 즉 누구나 적은 노력으로 큰 보상을 얻는 것을 원

한다는 말이다. 왜 수많은 사람이 한약 다이어트, 지방 흡입, 건강 기능 식품에 열광하고 돈을 쓸까? 그것은 최대한 쉽게 살을 빼고 싶은 사람의 본능적인 욕구를 충족시키는 방법이기 때문이다. (나 또한 그런 방법이 있다면 바로 구매할 것이다.)

그렇다면 이제 외모를 바꾸는 방법의 하나인 성형과 비교해 보자. 성형과 운동은 모두 지금보다 더 나은 외모를 가질 수 있도록 도와주지만 각각의 특성이 매우 다르고 이를 대하는 고객의 자세도 다르다.

- **성형 - 수동적, 100% 결과 보장**
- **운동 - 능동적, 100% 결과 보장 못 함**

성형 광고를 떠올려 보자. 주 3회씩 힘들게 땀을 내고, 맛있는 음식도 참아가면서 샐러드만 먹어야 한다고 광고하는가? 그렇지 않다. 이처럼 성형은 고객이 큰 노력을 하지 않아도 된다. 또한 가장 매력적인 포인트는 즉각적인 변화가 나타나고 결과가 100% 가까이 보장된다는 것이다.

반면 운동은 어떤가? 일단 본인 스스로 움직여야 한다. 그래야만 변화를 만들 수 있다. 몇백만 원씩 PT를 결제하고 가만히 있는다고 해서 변화가 일어나는 것이 아니라는 뜻이다. '고진감래苦盡甘來'라는 말과 딱 어울리는 종목이 바로 'PT'다. 하지만 대부분이 '쓸 고苦'와 '다할 진盡'에서 끝난다. 너무 편협한 시야로만 운동을 바라보는 것이라 안타깝지만 결국 운동을 통해 변화를 만들려면 고객 스스로 능동적으로 행동해야 하는 건 변함없는 사실이다.

또한 성형은 시술 날짜를 정하고 결제를 한 다음 시술을 한다. 이후 부기가 빠지고 회복이 될 때까지 기다리면 모든 것이 끝난다. 반면, 운동은 운동이 주는 참된 가치를 알기 전에 고객 스스로 해야 할 것이 너무 많다. '오늘부터 진짜 매일 운동해야지!'라고 마음먹고 찾아온 고객도 다음 날이면 그 의지가 꺾여서 운동을 나중으로 미루는 경우도 있으니까 말이다.

그런데 결국 그들을 이끌어줘야 하는 것이 우리의 '역할'이자 일이다. 모두가 우리와 같지 않기에 PT를 받으러 온 것이고 그래서 우리가 돈을 벌 수 있는 것이다. 나조차도 운동을 처음 시작했을 때에는 정말 힘들었다. 그런데 평소에 몸을 거의 움직이지 않았던 사람들이 성인이 돼서야 안 쓰던 근육을 쓰면서 땀을 흘리고 식욕도 절제해야 하니 얼마나 힘들겠는가. 여기에 더해서 운동이 힘들기만 하고 재미가 없으면 고객 입장에서는 한 세트 한 세트가 고통 그 자체다. 그러니 우선 고객이 당신의 수업에서 재미를 느낄 수 있도록 만들어 보자. 장담하건대 이 문제만 해결되더라도 앞으로 강사로서 돈을 버는 데는 큰 문제가 없을 것이다.

그렇다면 우리가 이 업계에서 계속 일을 하고, 고객들에게 운동해야 한다고 꾸준히 언급하는 이유는 무엇인가? 그것은 바로 운동이 다른 무엇과도 비교할 수 없을 정도로 가치가 있기 때문이다. 그리고 근육은 아직 돈으로 거래할 수 없어 희소성이 있다는 것도 한몫한다. 운동을 통해 외적인 변화를 경험한 사람도 있고 내적인 변화까지 경험한 사람도 있을 것이다. 그중에서도 특히 운동을 하며 스스로 한 단계 올라서는 경험은 인생에서도 긍정적인 변화를 만든다. 수많은 고객을 만나며 운동을 계기로 인생 자체가 바뀌는 사람도 보았고 낮았던 자존감이 올라간 사람도 보았다. 이러한 요소들 또한 돈을 주고 살 수 없다는 것도 운동이 주는 매력이다.

운동업계 세일즈가 어렵게만 느껴진다면 먼저 고객들이 이러한 가치를 경험할 수 있도록 노력해 보자. 나는 오히려 고객이 나에게 운동을 배우지 않아서 가치를 느끼지 못하는 것을 더 큰 문제라고 생각한다. 세일즈의 본질을 잊지 말고 마인드셋을 하길 바란다.

차별화를 만드는 3가지 방법

가장 기본적인 부분만 지키더라도 차별화를 느낄 수 있는 운동업계다. 넘버링한 3가지만 현장에 맞게끔 잘 활용해도 차별화를 만들 수 있다.

1. 유니폼 착용(PK 티셔츠 추천)
2. 웃으면서 인사하기
3. 상호 간의 존중

이 업계도 많이 성장했다. 특히 시설적인 면에서 많이 성장했다. 이제는 인테리어도 체육관 느낌이 아니라 고급스러운 호텔 인테리어로 탈바꿈하고 있으며 기구도 정체 모를 국산 제품이 아닌 입증받은 해외 제품을 수입하는 추세다.

이렇게 외부의 성장은 많이 이루어졌지만 내부의 성장도 그만큼 이루어졌는가? 현재의 트레이너들이 과거의 트레이너들보다 더욱 전문적인지, 고객을 응대하는 서비스 정신이 투철한지 생각해 보자. 여전히 고객에게 PT 서비스를 강매하기도 하며 매달 이벤트를 진행해 PT의 가치를 떨어뜨리기도 한다. 10년 전보다 현재의 PT 가격이 더욱 싼 데에는 이유가 있다. 시장가는 최종적으로 고객이 정하는 것이지 우리가 정하는 것이 아니기 때문이다. 가격을 올리면 고객이 구매하지 않을 것을 알기에 우리는 물가가 오른 만큼 PT 가격을 올리지 못한다. 즉 고객은 PT라는 서비스의 발전을 그다지 느끼지 못한 것이다.

운동업계에서 차별화를 보여줄 수 있는 방법은 바로 '사람'을 통한 방법이다. 운동업계에서 PT라는 서비스를 판매하는 주체는 사람이다. 돈을 벌고 싶다면 우리의 시선이 아니라 고객의 시선으로 봐야 한다. 우리가 원하는 것이 아니라 고객이 원하는 것을 충족해 줘야 한다. 차별화를 만들어 줄 3가지 방법을 참고하라.

첫 번째는 유니폼을 착용하여 신뢰를 높이는 것이다. 평범한 사람도 의사 가운을 입고 있다면 대부분 그 사람이 의사라고 생각한다. 그만큼 복장이 주는 이미지는 매우 강력하게 입력된다.

그렇다면 우리는 운동을 하는 사람들이니 몸매가 뚜렷하게 드러나는 운동복이 좋은 인상을 줄 거라고 생각하기 쉽지만, 오히려 호불호가 많이 갈렸다. 고객의 입장에서는 강사가 살색이 너무 많이 비치는 복장을 하고 운동을 가르친다면 다소 부담스럽다는 의견을 많이 낸 것이다. 첫 만남에서는 전문성을 보여주는 것이 장기적으로 더욱 유리하다는 것을 기억하라. 유니폼으로는 깔끔한 반팔 PK 티셔츠를 추천한다. 핏은 몸에 적절히 맞는 것을 추천하며 너무 큰 사이즈는 추천하지 않는다. 아직 센터의 유니폼이 없다면, 지금 전 직원의 복장을 PK 티셔츠로 통일하는 것을 강력하게 권한다.

두 번째는 활짝 웃으며 인사하는 것이다. 외향적인 사람이든 내향적인 사람이든 밝은 사람을 선호한다.** 내향적이고 말이 없는 고객도 긍정적인 에너지를 주는 강사를 선호한다. 첫 상담 때 고객을 마주한 순간 어둡고 쌀쌀맞은 표정을 하고 있는 강사와 밝게 웃고 있는 강사 중 누구에게 더 수업을 받고 싶어 할까? 낯선 곳을 방문한 고객은 방어적이고 경계심이 있을 수밖에 없다. 그래서 첫 대면이 더욱 중요하다. **고객에게 첫 3초 동안 전문성과 밝은 이미지를 보여준다면 그 어떤 세일즈 스킬보다 효율적으로 작용할 것이다.**

마지막은 고객과 서로 존중하는 것이다. 나는 타 센터에서 일일권을 결제하고 운동을 자주 하는데 이때 각 센터 강사의 말투만 들어도 분위기와 티칭 실력을 알 수 있다. 특히나 고객에게 반존대를 하는 경우에는 정말로 가서 뜯어고쳐 주고 싶을 정도다. 고객에게 '그렇지!'라고 하는 것도 반말인 것을 아는가? '엎드려 봐요' 같은 말도 명령형에 해당한다. 고객을 격려하면서 반말을 사용하는 것이 적절한 행동인지 고민해 볼 필요가 있다. 각종 SNS에서 트레이너나 필라테스 강사 관련 영상의 댓글을 보면 강사가 자꾸 말을 놓는 것에 대한 불만이 많다. 어떠한 경우에도 고객에게 반말을 하는 경우는 없어야 한다. 올바른 CS 교육과 상호 존중이 이루어진다면 이런 잘못된 태도와 생각에서 벗어날 수 있다.

그래서 나는 강사를 채용하는 면접에서 강사의 어휘력을 주로 보는 편이다. 글은 수정할 수 있지만 즉각적인 상황에서 본능적으로 나오는 어휘는 수정하기 어렵다.

이 3가지를 모두 사소한 것처럼 보여도 매우 중요한 기본이다. 이러한 기본을 지키지 못한다면 앞으로도 세일즈가 점점 더 어려워질 것이다. 본인이 강사라면 스스로를 돌아보고, 센터를 관리하는 대표나 관리자라면 세일즈의 성공률이 높은 문화를 만들고 있는지 되돌아보는 시간을 가졌으면 좋겠다.

고객이 우리 센터를 찾아오지 않는 진짜 이유

홍대에서 음식점을 찾는다고 가정해 보자. 그래서 포털 사이트에 홍대 맛집을 검색해서 나온 A, B 업체가 검색되었고, 둘 중에서 어디를 갈지 어디를 갈지 고민하기 시작한다. A 업체는 후기가 좋고 긍정적인 리뷰 갯수가 많다. 또한 매장 사진부터 음식 사진까지 정성스럽게 올려 두었다. 반면 B 업체는 후기와 리뷰가 별로 없다. 다만 선택을 하는 사람도 리뷰가 많다고 꼭 맛집이 아니라는 것은 인지하고 있다. 하지만 문제는 매장이 어떻게 생겼는지 사진도 찾기 어렵고, 음식 사진도 구미가 당기지 않게끔 올라가 있다. 그렇다면 다수의 사람들이 선택하는 음식점은 어디일까? A 업체를 선택할 가능성이 높다.

실제로 A 업체보다 B 업체의 음식이 더 맛있을 수도 있다. 그런데도 사람들은 '온라인'의 정보로 판단하고 어디에 소비할지를 정했다는 점이다.

이처럼 솜씨가 좋은 맛집도 사람들에게 알려지지 않는다면 그저 동네에서 아는 사람만 아는 맛집으로 끝난다. 반면 적당히 맛있는 집이 각종 마케팅과 브랜딩 작업으로 널리 알려진다면 사람들은 줄을 서서 기다린다. 이것이 마케팅과 브랜딩의 힘이다.

이제는 사람들이 전단지나 신문 광고를 보고 찾아오는 경우는 많이 줄었다. 또한 예약 시스템이 잘되어 있어서 워크인으로 들어오는 고객도 예전만큼 많지 않다. 대부분 방문 전에 온라인으로 '헬스장, PT, 필라테스' 정도는 검색해 본다. 그래서 이제는 오프라인 매장뿐만 아니라 온라인 매장도 신경 써야 한다. 결국 온라인으로 보이는 이미지로부터 해당 센터에 대한 이미지가 형성되기 때문이다.

개인과 센터가 브랜딩을 통해 사람들에게 다가가는 것은 이제 더 이상 선택사항이 아니다. 또한 지역적 특성을 고려하여 서비스를 세분화하거나 특정한 고객층이 매력을 느낄 만한 부분이 있다면 브랜드의 이미지를 더욱 견고하게 만들 수 있다.

내가 운영하고 있는 센터의 지역 특성은 1인 가구 2030 여성이 많다는 것이다. 현재 센터의 주 고객층도 2030 여성이다. 그래서 나는 그에 걸맞는 센터와 강사들의 이미지를 구축하고 특징과 장점을 적극적으로 홍보하고 있다. 만약 내가 이 지역에서 2030 남성들을 타깃으로 했다면 지금처럼 고객을 많이 모을 수 없었을 것이다.

통계를 보자면 여러군데 운영하는 센터의 수요가 줄었더라도, 어딘가에서는 꾸준히 수요가 늘고 있다. 과거에 비해 운동하는 고객 수가 적어져서 수요가 줄었다고 생각하는가? 하지만 통계를 보면 과거보다 운동하는 사람이 더욱 늘어가고 있다.

또한 각종 매체와 SNS의 영향도 크다. 고객은 이제 다양한 경로로 정보를 습득한다. 예전처럼 '한번 알아볼까?' 하면서 방문하는 고객보다 온라인 검색이나 SNS를 통해 많은 정보를 보고 방문하는 고객이 훨씬 많아졌다. 이렇듯 수요만 늘었으면 다행이겠지만 문제는 폭발적인 공급도 일어났다. 운동업계 창업은 허들이 높은 직종이 아니기 때문이다. 그래서 최근 몇 년 동안 운동과 관련된 업체가 과거에 비해 아주 많이 생겼다.

공급이 폭발적으로 늘어난 현재 상황에서, 고객을 우리 센터로 오게 하려면 어떻게 해야 할까?

우선 업체의 브랜드를 '시각화'하는 방법을 통해 더 매력적이게 보여야 한다. 다양한 방법이 있지만 당장 적용할 수 있는 것은 '온라인' 세팅이다. 센터의 로고부터 시작해서 센터만의 정체성(BI), 센터의 문화, 고객 티칭 프로그램 등 다양한 요소가 모여 브랜드를 만든다. 다만 브랜딩을 할 때 주의할 것은 센터의 색깔과 맞아야 한다는 점이다. 센터의 전략이 '박리다매'인데 '프리미엄' 이미지로 브랜딩을 하는 것은 결제율을 낮춘다. '프리미엄'을 추구하는데 '박리다매'식으로 판매해도 마찬가지다.

둘 중 정답은 없다. 프리미엄 백화점과 박리다매 다이소 둘 다 성행하는 것처럼 본인의 가치관에 잘 맞는 방식으로 브랜딩을 고도화하고 매력적으로 보여주는 것이 중요하다.

SNS 관리의 중요성

고객은 센터 공식 계정 SNS나 강사의 SNS도 확인한다. 최소 수십만 원에서 수백만 원까지 비용을 투자해야 하는 상황에서, 본인의 몸을 믿고 맡길 수 있는 곳인지 알아보기 위해서다. 특히 우리의 주 고객층인 20~40대는 대부분 SNS를 하고 있어서 접근이 어렵지 않다. 이렇게 고객은 언제든지 SNS를 통해 우리를 볼 수 있다.

그런데 이러한 사실은 안중에도 없이 날것 그대로 계정을 사용하는 대표와 강사들도 있다. SNS를 일상적으로 활용하는 것을 막을 수는 없지만 누군가에게 비용을 받고 가르치는 사람이라면 호불호가 나뉠 만한 게시 글은 자제해야 한다. 누군가의 눈살을 찌푸리게 하는 행동은 보여주지 않는 것이 가장 현명하다. 예컨대 고객의 건강과 몸을 관리하는 트레이너가 술을 먹거나 흡연하는 사진을 공공연하게 업로드하는 행동은 평판에 플러스가 아니라 마이너스가 된다는 뜻이다.

SNS를 통해 본인이 좋은 강사라는 것을 알리고 수익화하고 싶다면 플러스가 될 만한 콘텐츠를 올려 보라. 나는 직원들에게도 똑같이 교육한다. 세일즈의 본질은 변하지 않으니, 고객이 좋아할 만한 콘텐츠를 올리라고 말이다. 고객을 열심히 트레이닝하는 모습, 고객과 웃으면서 대화하는 모습, 본인이 열심히 운동하고 몸을 가꾸는 모습, 교육이나 세미나를 들으면서 발전하려고 하는 모습, 운동 관련 정보 등을 보기 쉽게끔 카드 뉴스나 릴스와 같은 형식으로 올려 보자. 열심히는 살고 있는데 그것을 드러내지 않는다면 다른 사람들은 그 사실을 알 방법이 없다.

글을 올린다고 해서 지금 당장 고객이 모이는 것은 아니다. 하지만 전문성과 개인의 브랜드와 색깔을 또렷하게 보여주는 게시글이 쌓일수록 '복리 효과'처럼 당신을 보고 오는 고객들이 점점 늘어날 것이라 확신한다. 그러면 언젠가는 센터의 도움 없이도 스스로 주체가 되어 더욱 당당하게 일을 할 수 있다.

SALES WORK _OUT

2장

현장에서 바로 적용할 수 있는 ___ 세일즈

세일즈 워크아웃

세일즈에도 학습이 필요한 이유

잘 판다는 것은 누군가 다른 사람으로 하여금 자원을 주도록 설득하는 것이다.
누군가로부터 빼앗는 것이 아니라, 결국에는 좋게 끝맺음하는 것이다.

《파는 것이 인간이다》 중

학교에서는 다양한 과목을 가르치지만 누군가에게 효율적으로 판매하고 설득하는 기술은 가르쳐주지 않는다. 그래서 우리는 사회에서 갑작스럽게 요구하는 세일즈에 겁먹기 일쑤고 누군가에게 판매하는 행위를 죄악으로 여기기까지 한다. 하지만 사람은 태어나는 순간부터 삶을 마감할 때까지 수없이 많은 세일즈를 제안하고 제안받으며 살아간다.

운동업계 강사들은 운동에 관한 테크닉과 해부학 관련 지식이 중요하다는 것은 알고 있다. 이들이 시간과 비용을 투자하면서 꾸준히 이 2가지를 배우는 이유는 현장에서 일할 때 '필요하다고' 느끼기 때문이다. 여러 운동을 알고 있으면 고객을 가르칠 때 도움이 된다. 또 다양한 고객들을 체형에 따라 관리하기 위해서는 해부학적 지식이 뒷받침되어야 한다.

그런데 강사들은 세일즈와 연관된 심리학, 인문학 등에 대해서는 공부를 따로 하는 사람이 많지 않다. 하지만 이 3가지가 적절히 어우러져야 전문성 있는 PT라는 서비스를 예쁘게 포장하여 판매할 수 있다. 또한 사람이 어떤 심리에서 물건을 구매하는지를 잘 알고, 사람에 대해 깊이 이해할수록 센스 있는 사람이 된다.

본질이 충족된 상태에서 다양한 세일즈 스킬을 습득하면 시너지효과가 난다. 본인의 PT 서비스를 고객들이 더욱 '필요하다고' 느끼도록 세일즈라는 친구가 도와주기 때문이다. 세월이 지나도 세일즈에는 변함없이 지켜야 할 클래식과 변화에 발맞춰야 할 트렌디함이 모두 존재한다. 그중에서도 세일즈에서 지켜야 할 클래식한 스킬과 심리, 인문학을 기반으로 변화에 발맞춰 세일즈의 성공률을 높일 수 있는 방법을 소개하겠다.

세일즈의 심리학

우리는 매 순간 팔고, 협상과 설득을 하며 살아간다.

"이번 주말에 영화 볼래? 아니면 맛있는 거 먹으러 갈까?"
"이번에 출시한 아이폰 15 카메라 화질이 엄청 좋대! 너도 바꿀 거야?"
"오늘은 하체 운동 관련 교육을 진행하려고 하는데 괜찮으신가요?"

일상생활에서도 자연스럽게 이루어지고 있는 세일즈 대화다. 이렇듯 우리는 누군가에게 제안하고 설득하면서 무언가를 선택하게 만든다. 꼭 무언가를 판매하지 않더라도 세일즈를 하며 살아가고 있다.

우리는 끊임없이 진화하면서 살아남기 위해 필요한 해결책을 가지게 되었다. 그것은 바로 이성적인 판단을 가능하게 하는 사고력이다. 하지만 이성적인 사고를 방해하는 진화의 산물 또한 남아있다. 책 《클루지》에서는 우리가 진화하는 과정에서 '반사 체계'와 '숙고 체계'를 모두 물려받았다고 이야기한다.

'반사 체계'는 우리 조상들이 위험에서 벗어나기 위해 가지고 있었던, 본능적으로 나오는 사고 체계이고, '숙고 체계'는 사회가 발달하고 위험 요소가 많이 줄어들면서 나타난 합리적이고 이성적인 사고 체계이다. 시간이 많이 흘렀어도 우리에겐 여전히 두 가지 체계가 남아있다. 현대사회에서 이성적인 결정을 해야 할 때 본능적인 반사 체계가 나와 판단의 오류를 범하는 것도 이 두 체계가 충돌하면서 발생하는 문제다.

온&오프라인 세일즈 강의에서는 사람들의 70% 이상이 이성적으로 소비하는 것이 아니라 감성적으로 소비한다는 것을 자주 언급한다. 정보가 부족한 세상도 아니고, 예전보다 더욱 효율적이고 이성적인 사고를 할 수 있는데도 감성적으로 소비하는 비율이 여전히 더 높은 이유가 무엇일까? 그렇다면 우리는 언제나 이성적이고 합리적인 소비를 할까?

고객은 PT라는 서비스를 구매할 때 어떠한 사고를 거쳐 결제를 할까?

만약 이성적인 사고로 합리성만을 고려하여 결제한다면

1. 가격이 저렴하다
2. 시설이 압도적으로 좋다

이 2가지에 해당하는 곳만 살아남을 수 있다. 하지만 세일즈의 심리학에는 이 외에도 결제를 이끄는 다양한 요소가 존재하고 있다.

아직은 대부분 피트니스나 필라테스 업장에서 키오스크가 출결 관리는 하더라도, 운동을 망설이고 있는 고객과 협상이나 세일즈를 대신 해 주고 있지는 않다. 그래서 대부분의 세일즈는 기계가 아닌 사람과 사람 사이에서 결제가 이루어진다.

그렇기 때문에 사람의 심리를 잘 파악하고 활용해 결제로 이어지도록 해야 한다. 절대 사람의 심리를 악용하라는 뜻이 아니다. '나를 알아야 상대를 알 수 있다'와 비슷한 맥락으로 이해하면 된다.

이 부분에서는 다양한 전략을 제시하고 있지만 본인의 직급, 실력, 근무 환경, 지역, 고객의 성별, 나이 등 다양한 변수들이 있기 때문에 개념과 예시를 참고하되 상황에 맞게끔 활용하고 연습하길 바란다.

Icebreaking(아이스브레이킹)

상담자와 고객 사이의 긴장을 완화하고 편안한 분위기를 만드는 대화 기법을 아이스 브레이킹이라고 한다. 대화할 때 어색한 분위기를 견디기 어려워서 자연스럽게 아이스 브레이킹을 하는 방법을 배우거나 관련 책을 읽는 사람들이 많다. 물론 전부 좋은 시도이긴 하지만 운동업계에서도 그 사례가 동일하게 적용될지는 한번 더 생각해 보아야 한다.

대부분의 세일즈 강연자가 아이스 브레이킹 개념을 소개할 때 빠지지 않는 것이 바로 '소개팅'과 관련한 내용이다. 소개팅 자리에서 처음 보는 이성이 마음에 드는 경우 어색한 분위기를 풀기 위해서 가장 일상적인 대화의 주제부터 던지며 대화의 흐름을 만들면 된다는 것이다. 하지만 이 상황에서도 상대방의 흥미를 돋우지 못하거나 대화의 흐름을 흥미롭게 이어갈 수 없다면 오히려 역효과가 생긴다.

반면에 내 질문에 대한 상대방의 리액션이 좋고 상대방도 나에게 질문을 하면서 대화가 자연스럽게 이어진다고 생각해 보자. 상상만 해도 설레는 광경이다. 이렇게 성공적인 아이스 브레이킹은 세일즈에서도 결제 확률을 높이는 데 긍정적인 효과가 있다.

그런데 과연 세일즈에서도 우리가 매 순간 이렇게 할 수 있을까? 세일즈 테크닉을 다루는 책에는 고객을 남자 친구, 여자 친구라 생각하고 아이스 브레이킹을 해보라고 조언하는 내용이 많지만, 고객의 연령대에 따라 경우가 다르기도 하고, 적절한 센스와 순발력이 부족하면 대화하면서 선을 넘는 경우도 종종 있다. 무엇보다 소개팅이 아니라 '전문성과 신뢰'를 보여주어야 하는 첫 만남이기에 단순히 호기심만 불러일으키는 질문과 답변을 할 수는 없다.

또한 관리자가 아이스 브레이킹을 교육하는 것도 난해하다. 왜냐하면 대화로 이루어지는 아이스 브레이킹은 **'순발력과 센스'**가 차지하고 있는 영역이 크기 때문이다. 그런데 우리가 센스를 단기간에 교육할 수 있을까? 애초에 정말 교육이 가능한 부분인지도 생각해 보아야 한다. 나 또한 여러 사람들을 교육했지만 '센스'를 가르치는 것은 불가능에 가깝다는 결론을 내렸다. A라는 사람과 B라는 사람의 개성과 성격 등 모두 다른데 획일화된 방법으로 아이스 브레이킹을 교육하기는 어려우며, 맞춤형으로 교육하더라도 투자한 시간 대비 효과가 있을지는 미지수다.

그래서 나는 교육에서 정형화가 가능하고, 무엇보다 고객 상담 시에 선을 넘지 않으면서 양질의 정보를 얻을 수 있는 방법을 고민하고 연구했다. 그리고 내린 결론은 '상담 일지'를 활용한 아이스 브레이킹이다. 요즘은 온라인 설문지가 잘 발달되어 있어서 고객에게 온라인으로 먼저 상담 일지를 전송하고 대면 상담을 진행할 때에는 고객이 미리 작성한 내용을 바탕으로 한 번 더 대화를 나눈다.

상담 일지에는 직업부터 운동 경력, 운동 목적, 일상생활을 하면서 불편한 부위 등 다양한 항목이 있다. 이러한 항목들을 그냥 지나치지 말고 고객과 깊이 있는 대화를 해야 한다. 예를 들어 부상 이력이 있다면 언제, 왜 다쳤는지를 꼼꼼하게 질문하고 돌아오는 답변을 적으면서 고객의 히스토리를 파악한다.

이렇게 섬세하게 상담을 진행하면 고객에게 신뢰를 얻을 수 있다. 또한 단순히 질문과 대답으로 끝나는 것이 아니라 진정한 맞춤형 상담이라고 느낀다. 상담자 입장에서도 고객이 결제하고 수업을 진행한다면 이후 수업에서 참고할 만한 양질의 정보를 많이 갖춘 상태가 된다. 그러면 수업의 질이 높아지고 고객의 만족도 또한 높아지게 된다.

Tension(고객과 적절한 거리)

'고객과 적절한 거리 조절의 밀당이 중요하다'

고객과 첫 만남에서 친밀감과 유대 관계를 형성해야 결제 성공률을 높일 수 있다고 말을 한다. 그런데 나는 오히려 상담때 고객과 친밀감을 형성하려는 선생님들의 결제 실패 사례를 많이 보았다. 나 또한 이런 실수를 했던 적이 있는데 그중에서 가장 기억에 남는 상황을 예시로 들어보겠다.

첫 상담 때 대화도 잘 통하고 리액션도 좋은 고객이었다. 연령대도 비슷해서 공감대 형성도 잘되니 편안하고 화기애애한 분위기로 상담을 진행했다. 구두 상담뿐만 아니라 체형 평가를 할 때도 반응이 좋았기에 무조건 결제하리라 확신했다. 체형 평가와 테스트를 마치고 인포 데스크로 돌아와 프로그램과 가격을 안내했다. 그런데 갑자기 고객이 "오늘 상담 너무 좋았고, 제가 개인 사정 때문에 다음 주쯤 결제를 해야 할 것 같아서 그때 연락드리고 다시 올게요!"라고 말했다.

앞서 분위기가 너무 좋았던 나머지 갑자기 한번 더 결제 이야기를 꺼내는 것이 어려운 상황이 되어버렸다. 괜히 여기서 결제 이야기를 한 번 더 꺼내면 앞서 내가 보여주었던 친근한 모습들을 그저 '가식'이라고 생각할까 봐 걱정이 되기도 했다. 그래서 나는 어쩔 수 없이 고객을 믿고 일주일을 기다렸다. 일주일이 지났을 때 고객은 갑자기 또 다른 급한 사정이 생겨서 등록을 나중으로 미뤄야 할 것 같다고 말했다.

이렇듯 신규 상담때 세일즈에서도 중요한 개념이지만, 재구매를 지속적으로 만들기 위한 세일즈 방법으로도 중요한 개념이라고 말한다. 다시말해 적절한 거리를 유지하며 고객은 고객으로 남을때 강사는 가장 가치있는 수업을 제공할 수 있다는 뜻이다.

만약 고객과 적절한 거리 조절을 하지 못한다면 과도한 친밀감 형성으로 인해 서비스 외에 다른 부분에서 서로에게 불편함을 느끼는 상황이 생긴다. 심지어 트레이너와 고객과의 거리 조절이 완전히 실패하는 경우에는 어느 순간부터 형-동생, 언니-동생 하는 사이가 되어버리기도 한다. 공적인 관계에서 사적인 관계로 넘어가는 순간, 같은 가치의 서비스를 제공하더라도 저평가되는 현상이 발생하는 것이다.

운동업계에서 종사하는 강사들의 연령대는 대부분은 40~50대가 아니다. 즉, 고객과 연령이 거의 비슷하거나 어린 경우도 많다는 뜻이다. 물론 나이가 능력을 대변해 주지는 않지만 아직 한국 사회에서는 나이 자체를 경력의 일부로 보는 경향이 있다. 이러한 상황에서 처음부터 과도한 신뢰 관계를 형성해 강사가 본인보다 어리다는 것을 알게 되었을 때 고객들의 반응은 어떨까? 젊은 나이에 누군가를 가르치는 선생님이 대단하다고 생각하는 고객도 있겠지만, 본인보다 나이가 어리다는 생각에 강사와 고객의 관계를 무너뜨리는 고객도 있다. 나는 여기서 강사는 '갑'이 되어야 하고 고객은 '을'이 되어야 한다고 말하려는 것이 아니다. 강사와 고객의 관계는 상하/수평관계가 아닌 서로 '기버Giver'이자 '테이커Taker'인 관계에 더 가깝다. 강사는 고객이 지불한 비용을 '테이크'하고 그에 걸맞은 퍼포먼스와 서비스를 '기브'하고, 고객은 그와 반대로 기브와 테이크를 한다. 이처럼 기버와 테이커의 관계를 오랫동안 잘 유지하기 위해서는 고객과 적절한 거리가 필요하다.

그래서 나는 앞서 말한 고객과 격의없이 지내는 상황이 발생하지 않도록 'Tension'을 유지한다. Tension을 유지하여 일관성을 지키는 것이 나 자신이라는 '브랜드'의 정체성이고, 나아가 고객과의 관계에서 신뢰도를 높이는 전략이기도 하다. 나는 몇 년을 함께한 고객에게도 처음 만난 순간부터 지금까지 매 순간 같은 톤으로 말하고 행동한다. 너무 융통성이 없어 보이는 태도를 지양하는 고객도 있겠지만 실제로 컴플레인 사유는 선을 넘는 강사때문인 경우가 많다. 그러니 고객을 처음 만났을 때 첫인상에서는 전문가의 느낌을 주고 결제가 이루어지고 수업이 점차 진행되면서 조금씩 신뢰 관계를 형성을 하는 편이 더욱 전략적인 선택이다. 적절한 거리를 유지하는 전략은 강사와 고객이 서로 부담스럽지 않은 선에서 합집합이 되기 위한 교집합의 과정임을 기억하자.

Interaction(상호작용)

'명확한 동기부여와 목표 설정은 신뢰와 의지를 이끌어낸다'

강사는 고객과 상하/수평관계가 아닌 서로에게 '기버'이자 '테이커'라고 말했다. 강사와 고객 모두 2가지 포지션을 취해야 하는 이유는 '성과' 때문이다.

강사는 고객의 신체 변화를 위하여 다양한 트레이닝 서비스와 매니징을 제공한다(Input). 그런데 우리가 Input만 제공한다고 해서 고객의 신체 변화가 100% 긍정적인 방향으로만 일어나는 것은 아니다. 고객 또한 강사의 Input을 제공받은 뒤 개인 운동이나 가이드라인을 받은 식단 등 능동적으로 움직여야 한다. 나는 이것을 고객이 강사에게 제공하는 Output이라고 말하고, Input과 Output이 상호작용한다고 말한다.

반면 상호작용이 일어나지 않을 때는 강사도 난해한 상황이 발생한다.

예를 들어 고객과 협의하여 개인 운동 하는 날을 고정해 두었는데, 특별한 이유나 소통 없이 출석하지 않거나 강사가 식단을 체크하기 위해서 매니징을 진행하려고 했지만, 고객이 식단을 보여주지 않는 경우가 있다. 안타까운 사실은 이러한 상호작용이 제대로 일어나지 않았을 때 고객의 긍정적인 변화도 일어나지 않을 가능성이 크다.

악순환의 반복으로 고객은 변화가 일어나지 않는다면 운동에 대한 흥미를 잃게 될 것이고, 목표를 이루지 못한 채 시간과 비용을 소비하고 의지를 상실하게 된다.

이렇듯 모두에게 손해가 발생하는 이 상황을 예방하기 위하여 강사는 먼저 명확하게 Input을 서면이나 자료로 제공해야 한다. 또한 첫 수업이나 상담 때 매니징을 하기로 했던 부분을 제대로 이행하지 않는다면, 고객의 Output이 제대로 나오지 않거나 서비스 불만족으로 인한 환불이 발생할 때 강사에게 귀책 사유가 있으므로 실제로 매니징 가능한 부분들을 처음부터 명확하게 전달하고 약속을 지켜야 한다.

고객 또한 마찬가지로 PT를 결제한 것만으로도 100% 신체 변화가 일어날 것으로 생각하며 강사에게 무한하게 의존하는 것을 지양해야 한다. 각종 트레이닝 및 식단 관련 인사이트를 제공받을 것을 토대로 능동적으로 하나씩 퀘스트를 깨는 것처럼 차근차근 진행한다면, 좋은 결과를 볼 수 있을 가능성이 커짐과 동시에 운동이라는 것이 평생 도움이 되는 취미이자 삶의 동반자가 될 것이다.

Perfect 'YES'(더블바인드)

Perfect 'YES'는 제한된 선택지를 통해 구매 유도를 이끄는 효과적인 방법 중 하나다. 고객에게 YES or NO의 선택지가 아닌 YES or YES의 선택지를 제시하여 구매 결정을 더욱 효율적으로 유도하는 방법이다. 그래서 Perfect 'YES'는 세일즈 이론 중 '더블바인드'와 매우 흡사하다. 하지만 Perfect 'YES' 전략이 구매 유도를 이끄는 효과적인 방법은 맞지만 언제나 모두가 고객의 구매율을 높일 수 있는 건 아니다. 또한 사전에 빌드업과 세팅이 구매 결정에 크게 작용하기 때문에 사전 작업이 철저하게 필요하다.

그중 가장 효과적인 방법은 상담자가 Perfect 'YES'테크닉을 진행하기 전에 고객은 이미 온라인에 잘 구축되어 있는 브랜드를 접했거나, 현장에서의 체계적인 상담 시퀀스, 고객의 정확하고 센스있는 니즈 파악이 있다. 만약 이 3가지 중 1가지라도 성공적으로 작용했다면 고객은 구매를 결정하는 단계에서 YES라는 선택지에 조금 가까워져 있을 것이고, 이때 비로소 Perfect 'YES' 전략을 진행해야 한다. 이러한 작업이 올바르게 선행되지 않으면 고객은 오히려 '지금 결정하기 어렵고, 오늘은 상담만 받으러 왔다'라고 말할 가능성이 크다.

Perfect 'YES'의 한가지 사례를 들어보겠다.

핸드폰을 바꾸러 대리점에 갔다. 여러 가지 핸드폰을 둘러보다가 직원이 질문한다. "그러면 둘러보셨던 제품 중 가장 마음에 들어 하신 아이폰 15로 바꾸시겠어요?"

이 질문에 우리는 대답을 어떻게 할 수 있을까? 대표적인 대답은 다음의 2가지이다.

1. "네 이 제품으로 구매할게요."
2. "조금만 더 고민해 보고 구매할게요! 설명 잘해주셔서 감사합니다."

1번 사례는 딱히 회유나 세일즈 테크닉이 필요하지 않다. 고객이 제안을 거절하지 않았기 때문이다. 이러한 대답을 하는 고객은 애초에 제품을 구매할 생각으로 방문한 경우가 많다.

반면에 2번 사례는 '아이폰의 가치와 필요성'을 더욱 매력적으로 어필해야 한다.

운동업계에서도 완벽한 가치증명을 통해 1번과 같은 답을 받을 수 있다면 세일즈에 관한 걱정을 하는 이들이 없을 것이다. 하지만 PT라는 상품은 살아가면서 '필수재'가 아니기에 더욱 가치증명을 매력적으로 해야한다. 심지어 초과공급이 일어나고 있는 현재로선 더 중요하다. 그렇다면 2번의의 답이 나왔을 때 Perfect 'YES' 세일즈 전략을 상황에 맞게끔 활용한다.

한가시 예시를 들자면,
"지금까지 비교해보신 휴대폰중에 타사 제품보다는 애플의 아이폰을 더 선호하시는 것을 알게 되었습니다. 현재 아이폰 15 pro 제품도 인기가 많지만, 개인적으로 저는 처음부터 구매를 원하셨던 아이폰 15 제품을 먼저 사용해 보시는 것을 추천하는데요. 고객님께선 아이폰 15 pro와 아이폰 15중에 어떤 제품으로 변경 원하실까요?"라는 질문을 통하여 NO라는 선택지가 없는 Perfect 'YES' 상황을 만든다.

고객은 한번 더 고민을 하겠지만, 구매를 할만한 가치를 50%정도 느낀 상태라면 이렇게 생각할 가능성이 크다. '어차피 휴대폰을 구매하러 방문하기도 했고, 현재 내가 선택했던 제품도 추천하셨으니 아이폰 15로 변경하자.' 이러한 생각회로의 메커니즘으로 고객은 둘 중 한 제품을 선택하게 된다. 이것이 바로 Perfect 'YES' 전략이 주는 심리적인 구매 효과다.

또한 나는 Perfect 'YES' 전략이 상담자의 마인드를 세팅하는데 있어서도 매우 긍정적이라고 보는 입장이다. <mark>직업 자체가 영업직인 사람도 거절당하는 매 순간을 즐기지 않는다.</mark> 거절당하는 그 순간부터 그에 맞는 대응을 해야 하고, 회유를 하는데 시간과 에너지를 써야하는 것은 명백한 사실이기 때문이다. 그런데 운동업계에서 주 업무가 '트레이닝'인 강사에게는 고객의 구매 거절이 더욱 당황스러운 건 사실이다. 그렇기 때문에 Perfect 'YES' 전략은 운동업계 강사에게 더 효과적이라고 말한다. 세일즈가 서툰 사람일수록 '고객이 거절하지 않고 3가지 옵션중 한가지는 구매할 것이다'라는 마인드로 상담을 임할때 나오는 진정성이 다르기 때문이다. '현재 이 고객님은 PT와 운동의 필요성을 느끼고 방문하셨다. 여러 가지 프로그램이 있지만 이 중에서 한 가지는 구매를 하실 것이고, 3가지 선택지에서 목적을 이루기에 가장 부합한 프로그램과 횟수 1가지를 선택하셔야 한다.

고객의 선택이 더 합리적이고 구매 후에도 가치를 느낄 수 있도록 상담부터 최선을 다해보자'와 같은 마인드로 세일즈를 진행한다면 고객에게 진정성있는 가치를 제공함과 동시에 상담의 흐름 또한 가져갈 수 있다.

형평성과 역제안

우리가 세일즈 막바지에 도달했다고 가정해 보자. 이제 결제만 하면 끝나는 타이밍에 고객이 이렇게 말한다면 어떨까?

"저 오늘 결제하니까 서비스 횟수 1회 더 제공해 주실 수 있죠?"

과연 여기서 "아니요"라고 할 수 있는 상담자가 몇 명이나 있을지 궁금하다. 우리는 최소 30분에서 길면 60분까지 결제를 성공시키기 위해 대부분 무료로 상담을 제공하며 시간을 투자한다. 그런데 만약 서비스 횟수 1회를 더 제공하지 않아서 결제를 성공하지 못한다면 투자한 시간을 아무런 수확 없이 날렸다고 생각하기 쉽다.

책 《고수의 협상법》에 따르면 이러한 상황과 제안법을 니블링이라고 한다. 니블링 Nibbling의 '니블'은 쥐가 음식을 갉아먹듯 조금씩 갉아먹는다는 뜻이다. 그래서 협상 마지막 부분에서 상대방에게 약간의 추가적인 양보를 얻어내는 기법을 니블링 기법이라고 한다.

니블링 기법의 성공률이 높은 이유는 대표적으로 2가지 심리가 작용하기 때문이다.

1. 매몰 비용
2. 실패했다는 불쾌한 감정 회피

만약 여기서 서비스 횟수를 제공하지 않는다면 지금 당장 결제가 불확실해진다. 그래서 대부분 지금까지 투자한 시간이 아까워서라도 제안을 수락하고 결제를 진행할 가능성이 크다(매몰 비용 = PT를 판매하기까지 그에 관해 설명하고 체형 평가를 진행하는 등의 모든 노력).

하지만 선뜻 제안을 수락한다면 고객은 언제든 또 필요 이상의 제안을 할 수도 있다. 그렇다면 우리는 어떻게 대처해야 할까? 고객이 자연스레 니블링을 했다면 역니블링으로 대처하는 것도 하나의 방법이다. 특히 타 고객과의 형평성을 위한 것임을 강조하면 고객은 당신의 서비스를 더욱 매력적으로 느끼게 된다. 만약 고객이 "지금 결제하면 서비스 횟수 1회 더 제공해 주실 거죠?"라고 말했다면 2가지 방법이 있다.

첫 번째, 거절 후 재등록 제안(형평성 강조)

"아쉽게도 지금 횟수에서는 서비스 횟수를 제공해 드리기 어렵습니다. 다른 고객님에게도 이 횟수로는 서비스를 제공해 드린 적이 없어서요.(형평성 강조) 다만 수업을 받으시고 재등록을 하신다면 그때는 저의 재량으로 서비스 횟수를 2회 더 제공해 드리겠습니다. 이 조항도 계약서에 적어드릴게요!"

두 번째, 수락 후 횟수 추가 제안(거절 후 수락)

"아쉽게도 지금 횟수에서는 서비스 횟수를 제공해 드리기 어렵습니다. 다른 고객님에게도 이 횟수로는 서비스를 제공해드린 적이 없어서요. 다만, 추가로 N

회만 더 결제하시면, 제가 1회는 서비스로 제공해 드릴 수 있도록 회사에 요청하겠습니다.(거절 후 수락) 이 조항도 계약서에 적어드리겠습니다!"

'진짜' 리미티드 에디션

| 상황 A

"자! 이 제품은 이제 딱 3개 남았습니다. 남은 3개를 팔고 나면 더 이상 팔고 싶어도 재고가 나오지 않아서 더 이상 팔 수가 없습니다. 지금 사러 오겠다고 전화 주신 고객님이 1명 계십니다. 이제 이 제품은 딱 2개만 남았습니다. 기회가 얼마 없습니다. 빨리 사 가세요!"

| 상황 B

"자! 이 제품은 아직도 30,000개나 남았습니다. 급하지 않으시면 다음 주에 구매하셔도 되고 다다음 주에 오셔서 구매하셔도 됩니다! 그러니까 언제든지 이 성능 좋은 제품을 구매하러 오세요!"

A와 B 상황을 보고 있는 고객은 과연 누구에게 제품을 구매할까? 대다수는 이미 짐작했을 것이다.

왜 홈쇼핑에서는 항상 재고가 얼마 남지 않았다고 구매를 재촉할까?
실제로 마감 임박이라고 말하는 상품 중에서 진짜 마감 임박인 상품은 얼마나 될까?

사람들은 왜 지금 당장 소유하지 않아도 문제가 되지 않는 것을 소유하려는 '욕구'가 있을까?

이러한 물음들에 공통된 답은 구매하지 않았을 때 느끼는 '상실 욕구'이다. 하지만 상실 욕구는 '숙고 체계'가 발동되면 많이 사그라든다. 즉 시간이 상실 욕구의 불만족을 어느 정도 해결해 준다는 말이다. 그래서 고객의 상실 욕구를 적극 활용하려면 현장에서 결제했을 때 만족감을 느끼게 해주고 혜택을 받는다는 느낌을 줘야 한다. 그래야 서로가 윈윈한다. PT라는 서비스는 필수재가 아니라서 숙고 체계가 발동되면 후순위로 밀릴 가능성이 커지기 때문이다.

맛집으로 예시를 들어보겠다. 맛집으로 소문난 A 가게를 생각해 보자. 대낮부터 줄을 길게 서야 하고 심지어 가게 내부도 좁다. 바로 옆에 있는 B 가게 또한 맛집이다. 그런데 가게가 매우 넓어서 사람들이 줄을 서서 기다릴 필요가 없다. A와 B 중 과연 어떤 가게의 매출이 더 높을까? 이러한 경우에 대부분 A 가게의 매출이 훨씬 더 높다.

사람들에게는 '맛집'이라는 것도 중요하지만 '한정성'을 느껴 심리적으로 만족하는 것도 중요하다. 그래서 내가 줄을 서야만 먹을 수 있는 맛집과 언제든지 다시 와서 먹을 수 있는 맛집은 그 느낌부터 다르다. 여기서부턴 더 이상 '맛'이 고객 만족도에 엄청난 영향을 주지 않는다. 사람들이 맛집을 찾는 이유가 오로지 음식의 맛인 것은 아니기 때문이다. '한정성' 욕구를 충족시켰을 때 오는 만족감을 느끼기 위해서도 맛집을 찾아간다. 이처럼 한정 기법에서는 대표적으로 수량과 시간을 제한하는 방법을 활용한다. 이처럼 사람들은 똑같은 신발이라도 리미티드 에디션에 더 열광하고 많은

값을 지불한다. 이것은 '한정성'이 주는 가치와 심리적인 만족감으로 대부분 설명이 가능하다.

그렇다면 당신의 수업은 리미티드 에디션인지 생각해 보자. 당신의 수업은 고객이 지금 당장 결제하지 않아도 다시 돌아와서 결제만 하면 언제든지 들을 수 있는 수업인가? 그렇다면 고객은 구매했을 때 심리적인 만족감을 느낄 수 있을까?

그래서 우리는 상황 A와 같은 맛집이 되어야 한다. 사람들에게 '운동'이 정말 즐겁고 행복한 것이라는 이미지를 만들어 주는 것이 쉽지 않지만, 운동을 배우는 곳인 '이 센터와 강사'에게만큼 매력을 느끼게끔 꾸준히 가치증명을 하면서 노력해야 한다. 이 조건이 충족되려면 강사들의 수업의 질이 좋아야 하는 것은 물론이고 고객을 티칭하는 사진 및 영상, 고객의 변화 모습, 긍정적인 후기도 센터의 톤앤매너에 맞도록 제작해야 한다. 이렇게 한다면 등록을 받기 위해 대기해야 하는 센터와 해당 강사는 더 이상 매출에 쫓기지 않게 될 것이며 서로 도움이 되는 관계를 유지할 수 있다.

*주의 사항

무한한 리미티드 에디션은 지양해야 한다. 이는 특히 대형 센터의 프로모션에서 자주 볼 수 있다. 매달 새로운 프로모션 이름을 붙여서 할인을 하지만 분명히 지난달에도 진행한 프로모션이고 매달 선착순 20명이라고 하지만 실제로 선착순 20명만 받는 것도 아니다. 적절한 시기에 프로모션은 고객에게 매력 포인트가 되겠지만 매달 진행하는 무한 리미티드 에디션은 정상가로 구매한 고객을 기만하는 행동이자 브랜드 가치를 낮추는 행위임을 명심해야 한다.

수사적 질문(당연한 질문의 힘)

수사적 질문의 핵심은 질문 자체가 곧 답이라는 점이다. 고객에게 당연한 질문을 던지고 고객 스스로 필요성을 느끼고 상품이나 서비스를 구매하게 만드는 방법이다. 예를 들어 "고객님의 건강을 위해 한 달에 만 원정도 투자하는 것은 크게 비싼 비용이 아니죠?"라는 질문을 한다고 가정해 보자. 이 질문의 대답은 이미 정해져 있다. 본인의 건강에 한 달에 만 원 투자하는 것을 아까워하는 사람은 없기 때문이다. 이처럼 수사적 질문은 단기적인 관점에서 보던 문제를 장기적인 관점으로 바꾸어 프레임을 변형시키는 데도 유용하다.

고객이 PT 상담을 받은 뒤 가장 고민하는 것은 무엇인가? 당연히 지금 살을 빼야 하는 것도 알고 있고, 인바디 측정을 했을 때 정확하게 나온 비만 수치와 부족한 근육량을 보면서 운동의 필요성도 느끼고 있다. 하지만 상담을 받고 나서 지금 당장 지출해야 하는 돈이 최소 몇십에서 최대 몇백만 원까지 되는 것이 부담스러울 뿐이다. 만약 수십만 원에서 수백만 원에 달하는 비용을 본인이 아니라 남에게 투자를 해야 하는 상황이라면 충분히 망설일 수 있다. 하지만 고객이 평생 함께 영혼의 파트너로 건강하게 살아야 할 '나의 몸'에 투자하는 것을 망설인다면 이때부터는 강사가 고객에게 운동의 가치를 느낄 수 있도록 적극적으로 도와주어어야 한다.

책 《클루지》에서는 "우리의 뇌는 미래를 염두에 두지 않는다."라고 말한다. 사람은 자신이 어떠한 결정을 할 때 매우 합리적인 선택을 한다고 믿지만, 사실은 그렇지 않다. 미래의 살이 빠진 나의 모습, 건강을 되찾은 모습이 기대되기보다는 지금 당장의 소비로 인한 스트레스와 먹는 것을 통제해야 하는 상황이 더욱 힘든 것이다. 우리는 이러한 심리적인 압박을 느끼는 고객을 이해해야 한다. 인간의 심리는 원래 이렇고 무엇보다 운동은 '필수재'가 아니기 때문이다. 그러니 수사적 질문을 던져 고객이 자각할 수 있도록 도움을 주면 된다. 어설픈 동정으로 고객의 주머니 사정을 혼자 짐작하고 고객의 운동 욕구마저 떨어뜨려 세일즈에 실패하는 것보다는 고객이 건강한 몸을 되찾고 자신의 목표를 이루게끔 도와주는 것이 진짜 강사가 해야 할 일이다.

Highend & Hospitality
(하이엔드 & 호스피탈리티)

프리미엄의 진정한 의미와 본질은 무엇일까? 운동업계에서는 차별화를 만들기 위해 프리미엄 시설, 프리미엄 서비스, 프리미엄 PT 등 '프리미엄'을 붙여야만 더욱 가치가 있다고 생각한다.

하지만 프리미엄은 다수가 쉽게 경험할 수 있는 서비스나 문화를 뜻하지 않는다. 한정된 고객에게만 제공하는 특별하고 제한적인 서비스에 더욱 가깝다. 이러한 프리미엄 서비스를 제공하기 위한 대표적인 2가지 요소를 꼽자면 하이엔드 & 호스피탈리티다.

'하이엔드(High-end)'는 다양한 분야에서 쓰이는 '고성능, 고가의 제품 및 서비스' 등을 뜻한다. 그래서 하이엔드의 가치를 인정받은 제품이나 서비스는 경기 흐름에 큰 영향을 받지 않는다. 이미 가치를 인정받았고, 사람들의 소유욕을 불러일으키는 요소를 골고루 갖추고 있기 때문이다. 마치 명품은 시기에 상관없이 높은 가치를 인정받고, 높은 가격대이지만 그로 인해 더욱 가치를 인정받는다. 이렇게 하이엔드 서비스는 품격이 있으며 가치를 당당하게 입증한다.

'호스피탈리티(hospitality)'는 환대와 동시에 친절한 태도, 그리고 전문적이고 효율적인 서비스를 제공하는 데 중점을 두는 서비스다. 이미 호텔, 리조트, 여행사 등 모든 서비스의 다양한 분야에서 여러 의미로 활용되고 있다.

정리하자면 하이엔드와 호스피탈리티는 고객에게 긍정적인 경험을 제공하여 만족할 수 있도록 하는 가치에 중점을 두고 있다. 그렇다면 우리 센터를 찾아오는 고객에게 어떻게 이러한 경험을 선사할 수 있을까?

당신이 운영하거나 일하는 센터가 박리다매 가치가 아닌 한정된 고객을 대상으로 프리미엄 서비스를 제공하는 것이 목적이라면 단기적 관점이 아닌 장기적 관점으로 보아야 한다. 센터나 PT 상품의 이미지를 하루 만에 하이엔드 가치를 제공하는 곳으로 탈바꿈하긴 어렵다. 하지만 당신이 장기적인 관점으로 차근차근 이미지를 쌓고 있다면 가능하다.

이제는 고객에게 방문하기전까지 가격을 숨기는 마케팅은 효과적이지 않다. 평소 센터와 선생님들의 브랜딩을 탄탄하게 잘해두었다면 이미 고객도 어느 정도 가격대를 예상하기 때문이다. 만약 당신의 센터가 평균 1회에 60,000원으로 세팅해 두었는데 1회 가격을 80,000원이라고 한다면 고객은 납득하기 어렵다. 특히 PT라는 상품은 수업을 여러 번 받다가 결제하는 시스템이 아니라 상담 또는 1회 체험수업, OT처럼 한정된 시간 내에 한정된 경험만 진행한 후 결제하기 때문에 더욱 그렇다.

그러니 PT의 값에 가치를 줄 수 있다면 언급하는 것이 좋다. 왜 다른 곳보다 가격이 조금 더 높을 수밖에 없는지 명확하게 설명해 주면 된다. 예를 들어 '센터에서 함께 일을 하는 선생님들 모두 스카우트한 건데, 실력이 너무 좋고 이미 고객님들의 비포-애프터와 고객 후기로 증명하고 있다' 또는 다른 센터보다 '압도적으로 온라인 식단 관리를 잘하고 있다'는 것을 강조해도 좋다.

"저희는 다른 센터보다 다소 고가의 PT 서비스를 제공합니다. 하지만 분명한 것은 고객님의 소중한 시간과 비용을 투자하시는 만큼 확실한 비포-애프터를 약속드리며, 고객의 변화를 효과적으로 만들어준 매니징으로 섬세한 관리를 진행하고 있습니다. 그래서 고객님들또한 목적을 달성하고 PT 수업을 종료하신 고객님들이 많습니다. 여기 고객님들의 성공 사례를 한번 보여드리겠습니다."라고 가치를 입증하여 말한다면 고객 입장에서도 '비싸다'는 생각이 어느 순간 '가치 있다'는 생각으로 전환된다. 그래서 본인의 수업에 자신감이 있다면 혼자만 알지 말고 고객에게 적극적으로 알려야 한다.

그러니 하이엔드 가치를 증명하고 싶다면 본질을 쌓고 잠재 고객에게 증명할 수 있는 것을 많이 모아두자. 또한 이 모든 것이 평소에 탄탄하게 전문성을 기반으로한 브랜딩과 마케팅을 진행해야 비로소 가능하다는 것을 잊으면 안 된다.

넛지와 사회적 증거 원칙 스킬

책 《설득의 심리학》에서는 재미있는 현상을 설명한다. 바로 '사회적 증거 원칙' 개념인데, 이는 개인이 많은 사람들이 행동하는 것을 대부분 따라하는 것을 선호하거나 그 행동이 대부분 옳다고 생각하는 현상이다.

대표적인 예시가 있다. 한 호텔에서 환경 보호 차원으로 고객들이 수건을 재사용하길 원했다. 그래서 2가지 문구를 작성했다. 첫 번째 문구에는 '수건 재사용 프로그램에 참여해서 환경을 보호하는 데 힘을 보태고 자연보전에 대한 의지를 보여달라'고 적었고, 두 번째 문구에는 '호텔을 이용하는 손님들 대다수가 숙박 기간 동안 적어도 한 번 이상 수건을 재사용한다'는 사실을 적었다. 그런 후에 두 종류의 카드를 여러 방에 무작위로 배치한 다음 결과를 조사했다. 결과를 집계해 보았더니 두 번째 문구를 걸어둔 곳에서 수건 재사용 참여율이 약 30% 정도 더 높았다. 여기서 우리가 알 수 있는 사실은 무엇일까? **사람들은 '다수가 행동하는 것'을 더욱 옳다 생각하고 함께 실천한다는 것이다.**

나는 이 원칙을 운동업계에서도 활용하고 있다. 상담자와 고객이 단둘이 있다고 가정해 보자. A 상황은 주변이 온통 흰색 벽이고, 오로지 상담자의 말 외에는 그 무엇도 볼 수 없고 들을 수도 없다. 반면 B 상황은 주변이 온통 센터를 다녔던 고객들의 후기와 비포-애프터 사진으로 가득하다. 또한 깔끔하게 디자인한 후기와 비포-애프터는 고객이 한눈에 보기 편하게 되어있다. 고객은 상담자와 대화를 나누면서 상담자의 말에 귀를 기울이게 되고, 눈으로는 성공한 사람들의 사례를 보게 된다.

결제 성공률이 높은 것은 B 상황이다. 상담을 받고 있는 고객 입장에서는 다양한 심리 현상이 나타난다. 첫 번째는 센터에 대한 호감도가 올라감과 동시에 암묵적으로 전문성이 있는 곳이라 판단한다. 두 번째는 이 센터에서 운동한 고객들 다수의 성공 사례를 보면서 이 센터에서 운동을 하는 것이 '옳다'라는 인식이 생긴다. 이렇듯 같은 목적을 가지고 방문한 다른 사람들의 성공 사례는 '나의 행동 촉구'와 결제율에도 큰 영향을 미친다.

이번에는 '넛지' 관점에서 이 현상을 보도록 하겠다. 넛지에 관한 대표 사례부터 보자.

암스테르담의 한 공항 화장실에서 탄생한 일화다. 남자들은 대개 소변의 낙하지점이 어디인지 별로 신경을 쓰지 않는데, 그 바람에 소변이 소변기 주변으로 마구 튄다. 그런데 소변을 누는 사람이 소변기의 특정 위치에 있는 표적을 발견하면 주의력은 높아지고 소변의 낙하지점이 그 표적과 더욱 일치하여 소변이 변기 밖으로 튀어 나가는 것을 최소화한다.

이 발상을 처음 떠올린 애드키붐의 말에 따르면 이 단순한 검은색 파리 이미지가 발휘한 효과는 매우 뛰어났다. 경제 전문가인 그는 공항의 건물 확장 공사를 지휘했는데, 파리 이미지 덕분에 소변기 바깥으로 튀는 소변량이 80%나 줄어들었다고 말한다. 비록 이 수치를 정확하게 입증할 수 없지만, 이 사례를 기준으로 전 세계 남자 공중화장실 소변기에서 파리와 같은 이미지를 볼 수 있게 되었다는 말은 할 수 있다.

이것이 바로 넛지 전략의 힘이다. 상담하는 공간에 고객의 비포-애프터와 후기를 부착하는 것은 매우 합리적인 전략이다. 고객에게 결제를 하라고 강요하듯 말을 하지 않아도 고객은 자연스레 본인의 현재 상황과 비슷했던 사람들의 성공 사례를 보며 스스로 안도하고 공감하며 센터에 대한 '신뢰'라는 싹이 피어나기 시작한다. 넛지 전략은 이러한 점에서 매우 효율적이다.

소변기에 파리 그림을 첨부하는 것도 비용이 거의 들지 않았다. 하지만 수백 번 경고문을 붙이고 주의하라고 말을 했을 때도 개선되지 않았던 부분이 나아졌다는 것은 눈여겨볼 만하다.

최소한의 비용을 통해 단 한 번 만나는 고객에게 신뢰를 주는 것이 진짜 프로다. 또한 상담자 스스로 말하지 않아도 고객이 스스로 알도록 만드는 것이 진정한 세일즈 전문가다.

번외로 약간의 팁을 더 주겠다. 상담하는 공간은 고객 입장에서 출구가 보이지 않는 것이 좋다. 출구가 눈앞에 보인다면 심리적으로 자리를 떠나기가 쉽기 때문이다. 또한 고객들이 물을 마시러 가는 정수기, 인바디 측정을 하는 곳 주변에 고객 비포-애프터 사진과 후기를 비치해 두어라. 고객이 자주 볼 수밖에 없는 곳에 그들과 같은 레벨에서 시작한 사람들의 긍정적인 변화와 후기가 있다면 이는 고객들에게 운동을 지속적으로 하게 만드는 동기부여가 될 것이다.

프레임 전환 스킬

'동네에 장신구를 판매하는 상점 주인이 있었다. 주인의 한 친구가 약혼녀에게 줄 생일 선물을 찾고 있었다. 주인은 평소 500달러에 판매하던 목걸이를 하나 골라서 친구에게 250달러만 받고 팔려고 했다. 친구는 목걸이를 보자마자 매우 마음에 들어 했다. 하지만 주인이 250달러를 제시하자 친구는 실망한 표정을 짓더니 구매를 망설였다. 장차 아내가 될 사람에게 '값지고 멋진' 선물을 하고 싶었기 때문이다.

다음 날, 이 상황을 이해한 주인은 친구에게 전화를 걸어 다른 목걸이를 보여줄 테니 다시 한번 더 상점에 들르라고 했다. 이번에도 주인은 평소 500달러에 판매하던 또 다른 목걸이를 보여줬다. 친구는 몹시 마음에 들어 하면서 당장 구매하겠다고 했다. 주인은 친구가 계산하기 직전 결혼 선물 삼아 목걸이 가격을 250달러로 깎아주겠다고 말했다. 친구는 너무 감격했다. 전날과 달리 이번에는 250달러라는 할인 가격에 구매를 망설이기는커녕 매우 고마워했고 즉시 구매한 것이다.'

이 글에서 친구가 구매를 결정하게 된 가장 큰 이유는 목걸이의 '가치나 품질'이 아니었다. 비싼 가격의 상품이 구매를 촉진했고, 여기에 특별 할인까지 제공된 것이 가장 큰 이유였다. 심리학자들은 다양한 연구를 통해 우리가 일상생활에서 어떠한 구매를 할지 판단할 때 여러 가지 의사 결정을 한다는 것을 파악했다. 하지만 그중에서도 강력하게 작용하는 것이 바로 '비싼 것은 좋은 것'이라는 보편적인 인식이다.

다시 우리 업계로 돌아와서 생각해 보자. 처음 방문한 고객에게 단순히 이번 달 이벤트, 선착순 10명 할인을 제공하는 방법은 너무 식상한 마케팅이다. 차라리 센터에 최초 등록 하는 고객을 대상으로 혜택을 제공하는 것을 추천한다. 고객 입장에서도 운동은 하고 싶은데 비용 때문에 넘지 못했던 허들을 넘을 수 있고, 센터 입장에서도 합리적으로 혜택을 제공할 수 있다.

키워드 스킬

'슬픔, 분노, 좌절, 실망, 외로움, 걱정, 고통'이라는 단어를 보면 어떤 생각이 드는가? 나는 어둡고 부정적인 이미지가 먼저 떠오른다. 실제로 사이비 종교에서는 신도를 많이 확보하기 위하여 지나가는 사람들에게 '요즘 많이 힘드시죠?', '당신은 지금 불행한가요?'라는 말을 건네어 조금씩 자신들에게 의지하도록 만든다고 한다.

반면 '희망, 기대, 용기, 즐거움, 감사, 만족'이라는 단어를 보면 희망찬 느낌을 든다. 이처럼 사람들은 선천적으로 또는 후천적으로 단어가 가지고 있는 이미지를 머릿속으로 떠올린다.

그렇다면 생각해 보자. 운동을 처음 하거나 시작한지 얼마 되지 않은 고객의 대부분은 '운동' 하면 먼저 떠올리는 키워드 중에서 '힘듦'이 많다고 한다. 그렇다면 운동이라는 개념에는 약간의 부정적인 생각이 기저에 깔려 있다고도 볼 수 있다.

하지만 우리는 운동이 주는 가치와 긍정적인면을 알고 있기에 고객의 머릿속에서 힘듦이라는 부정적인 키워드를 생각하지 않도록 질문을 건네는 것도 훌륭한 세일즈 전략이다.

만약 당신이 "고객님, 운동이라는 게 원래 힘든 것이지만 우리는 계속 참고 인내하면서 예쁜 몸을 만들어 보아요!"라고 말한다면 고객의 머릿속에서 어떤 키워드를 떠올릴지 생각해 보자. 아마 부정적인 '힘든 것, 참고 인내'라는 키워드가 먼저 머릿속에 입력되는 순간 뒤에 들려오는 긍정적인 말은 이미 들리지 않는다.

이렇듯 단어에도 프레임과 분위기라는 것이 존재하고, 어떤 단어를 선택하느냐에 따라 의지부터 구매 여부까지 달라진다.

한 인터뷰에서는 일부러 질문을 "당신이 근무하는 곳은 불만족스러운가요?"라고 질문을 한다면, 만족스럽냐고 질문할 때보다 불만족스러운 점을 더 많이 이야기한다고 말했다.

정리하자면 우리는 고객이 운동에 대한 이미지를 조금이라도 더 긍정적으로 생각할 수 있도록 키워드 선택을 하는 것이 신규 상담과 재구매 모두 유리하다. 아래 문장처럼 운동을 통해 긍정적으로 변화하는 것에 초점을 맞추고 부정적인 단어를 최대한 제거하라.

"최근 센터를 이용하고 계시는 고객님들의 다이어트 성공률이 높아지고 있습니다. 실제로 뵈면서 체중이 많이 빠진 것을 보았거든요! 다 같이 열심히 하는 분위기라 더욱 그런가 봅니다. 고객님또한 여기에 같이 합류하시면 목표를 이루실 수 있도록 이끌어 드리겠습니다!"

The best is the best(최선이 최고의 스킬)

시간을 내서 무료 상담을 진행하거나 고객에게 무료로 OT를 제공하는 이유는 무엇인가? 다양한 이유가 존재하겠지만, 본인 서비스의 가치를 맛보기라도 보여줌으로써 세일즈를 통해 돈을 벌기 위해서다.

세상에 절대로 공짜는 없다. 마트에서 장을 보기 위해 식품 코너를 돌아다니면 무료로 시식을 할 수 있도록 맛보기 음식을 제공하고 있더라도 그것은 공짜가 아니라 세일즈의 심리전일 뿐이다.

책 《설득의 심리학》에서는 한 캘리포니아의 사탕 가게에서 연구한 내용으로 예시를 들고 있다. 다수의 고객이 사탕 가게에 들어오면서 무료로 사탕을 몇 개 제공받은 사람들과 제공받지 못한 사람들의 구매 패턴이 얼마나 다른지 파악하는 실험이었다. 실험 결과 무료로 사탕을 제공받은 사람들의 사탕 구매율이 무려 42% 정도 더 높았다. 무료로 받은 사탕이 맛있어서 구매한 것이 아니냐고 반박할 수도 있겠지만 구매자들 대부분은 무료로 받은 사탕이 아닌 전혀 다른 사탕을 구매했다는 점을 눈여겨볼 필요가 있다. 이러한 구매가 가능했던 이유는 바로 사람의 '부채 의식' 때문이다. 판매자가 구매하라고 요구하지도 않았지만, 고객은 남에게 먼저 호의를 받은 뒤 고객을 위하는 서비스에 감동했거나, 경계심을 풀어놓은 상태에서 좀 더 편한 마음으로 가게의 사탕을 둘러보았을 수도 있다. 어쩌면 판매자에게 긍정적으로 응해야 하는 의무감이 발동하여 구매한 것일 수도 있다.

이것이 바로 고객의 마음을 관통하는 강력한 세일즈 스킬이다. 스킬이라고 엄청나게 대단한 것이 아니다. 사소하지만 고객을 먼저 배려하고 고객의 입장에서 생각하는 것, 부담감이라도 내려놓게 만들고 해당 업체의 서비스를 받아보도록 경험을 시켜주는 것, 무엇보다 어떠한 상황에서든 최선을 다해서 오로지 그 순간만큼은 후회 없는 결과를 내는 것이다.

업계에서 이 전략을 효과적으로 활용할 방법은 이미 당신도 알고 있다. 그저 매 순간 상담과 OT에 최선을 다하는 것이다. 정말로 고객의 마음을 관통하는 강력함을 주고 싶다면, 시간에 고객의 수업을 맞추지 말고, 고객의 반응과 만족도에 시간을 맞추어야 한다.

만약 강사가 다음 타임에 수업 일정이 비어있다면 고객에게 이렇게 요청하라.

"고객님과 대화하고 목표를 이뤄드리고 싶은 마음에 이것저것 체크하다보니 시간이 벌써 이렇게 지난줄도 몰랐네요. 괜찮으시다면 제가 N분정도 더 고객님의 체형과 수행능력을 체크하고 마무리를 해도 될까요?"

고객은 강사에게 특별한 것을 바라는 게 아니다. 그저 본인의 몸을 믿고 맡길 수 있는 사람이면 된다. 또한 진정성 있게 자신을 케어해주는 사람을 원한다. 우리도 누군가가 나에게 약속된 시간보다 5~10분정도 더 신경써 주는 것을 안다면, 최상의 서비스가 아닐지라도 만족도만큼은 최상급이지 않는가. 지금 당장 결제할 생각이 없는 고객의 마음을 바꿀 정도로 최선을 다했다면 앞으로 어떠한 세일즈도 어렵지 않을 것이다.

앞서 설명한 스킬 중 가장 본질적이고, 대표나 관리자가 되었어도 단 한명이라도 누군가의 몸을 케어하는 '트레이닝'에 관련 일을 하고 있는한 잊지 말아야 할 스킬이다.

강사 스스로 고객이 결제할지 안 할지 함부로 판단하거나, 나와 스타일이 맞을지 안맞을지 선입견부터 가지지 말고 최선을 다해서 그 순간만큼은 해당 고객에게 최고의 강사가 되어라.

오히려 간단한 구두 상담과 가격 안내로 끝날 줄 알았던 상담이 미친듯한 디테일로 가득 채워져 있거나, 단순히 기구 사용법이나 알려줄 것 같았던 OT 수업이 맞춤형 체형 평가부터 시작해서 면밀하게 체크하는 온라인 매니징까지 진행하여 다른 강사들에겐 느낄 수 없는 반전 매력을 보여주는 강사가 되어라. 당신이 비용을 받지 않았어도 그저 지금 고객이 진짜 수업을 시작한 것처럼 최선을 다하라. 그러면 고객은 섬세한 태도에 진심으로 감동하고 결제 관련 이야기를 먼저 꺼내지 않아도 이미 고객의 마음을 사로잡아 결제를 진행할 것이다.

센터의 규모 상관없이 상담을 자주 실패하는 사람들을 보면 똑같은 변명을 늘어놓는다.

"어차피 결제할 생각이 없었다고 하네요."
"그냥 잠깐 상담만 받으러 오신 거라고 하네요."
"지금 당장 결제하기엔 돈이 없어서 부담스럽다고 하네요."

누구에게나 어쩔 수 없는 상황이 있다. 그런데 왜 이런 일들이 지속해서 당신에게만 발생한다면 문제를 내부에서 찾는 것이 훨씬 더 현명한 방법이다. 나 또한 한때 문제를 외부에서만 찾던 때가 있었다. 어느 정도 경력이 되니 스스로 트레이닝에 대한 자부심도 있었고, 고객들의 변화 과정을 담은 포트폴리오도 충분히 쌓은 탓이었다. 그래서 나는 상담 후 바로 결제를 하지 않고 나가는 고객을 오히려 못마땅하게 생각했다. '저 고객님은 올바른 트레이닝의 가치조차 못느끼는 고객이네. 이 가격이 비싸다고 생각한다면 그냥 PT상담 예약자체를 하지 말지.' 하지만 이 이후로도 나의 신규 상담 성공률과 심지어 재등록률도 점점 낮아졌다. 어느 순간부터 나 또한 그저 남들처럼 획일화된 루틴대로 상담과 수업을 하면서 조금 더 편하게 일하고 싶은 마음과 동시에 더 나은 결과를 기대하고 있었다.

외부에서 문제를 찾는 것으로 잠깐 스스로 위안할 순 있어도, 본질적인 문제는 나에게 있다는 것을 깨닫고, 나에게 가장 세일즈 황금기였던 시기를 다시 한번 더 돌아보게 되었다.

고객은 이제 단순히 비용만 따져서 결제 여부를 정하지 않는다. 또한 PT 비용을 지불하고 몸을 관리할 수 있는 여유가 있다는 것은 기본적인 소득과 생활 수준이 높고, 비용적인 부분이나 강사의 트레이닝 실력 외에도 CS와 적절한 응대, 사후 케어까지 면밀하게 기억하고 다시 되뇐다.

세일즈를 성공률을 높이려면 지금 눈앞에 있는 고객에게 최선을 다하라. 그리고 고객을 나의 '찐 팬'으로 만들 각오로 트레이닝하라. 그렇다면 당신의 트레이닝 실력이 부족하다 할지라도 고객은 당신을 최고의 강사로 인정할 것이다.

SALES WORK_OUT

3장

대형 센터와 소형 센터의 차별화 방법

세일즈 워크아웃

대형 센터(OT)의 차별화

대형 센터(대표적으로 헬스장)에는 PT를 받으러 오는 고객만 있는 것은 아니다. 혼자 운동을 하기 위해 헬스장 이용권만 등록하는 사람들도 많다. 대부분의 대형 센터에서는 이용권을 등록한 고객에게 OT를 제공한다. OT는 센터에 등록한 고객에게 제공하는 서비스의 일부이지만 본질은 강사가 PT로 구매 전환을 만들기 위해 '영업'을 하는 것이다. 보통 실제 PT 수업처럼 50분 정도 진행하는 경우가 일반적이고 약식으로 30분씩 진행하는 곳도 있다. OT를 제공하는 횟수도 센터마다 다르겠지만 평균적으로 1~2회를 제공한다.

우선 OT는 PT와 개념이 다소 다르다. 왜냐하면 OT를 받는 사람 중에는 PT를 받아서 운동을 배워보고 싶은 마음이 있는 사람도 있겠지만 PT라는 서비스를 구매할 생각이 전혀 없는 사람도 분명히 존재하기 때문이다. 여기서 진짜 세일즈의 실력이 판가름 난다. 세일즈 실력이 좋고 고객의 니즈 파악과 협상을 잘하는 트레이너는 PT의 필요성을 느끼지 못하는 사람도 필요성을 느끼게 만들어 구매하게 만드는 능력이 있다. 물론 고객을 속이거나 강매하듯이 파는 것은 여기에 해당하지 않는다.

나는 대형 센터와 소형 PT 샵에서 모두 강사부터 관리자까지 근무를 했다. 먼저 근무한 소형 PT 샵에서는 PT라는 것에 필요성을 느끼고 방문한 고객과 상담하므로 기본기와 세일즈의 법칙만 잘 지킨다면 결제 성공률이 매우 높았다. 또한 강사의 개인적인 SNS를 통해서도 고객을 모집할 수 있는 환경이었다. 반면 대형 센터로 이직한 후에는 초반에 OT 결제 성공률이 높지 않았다. 소형 PT 샵과는 다르게 운동에 대한 니즈는 있어도 PT에 대한 니즈는 없는 사람들도 있기 때문이다. 그래서 이들에게 어떻게 PT로 구매를 이끌 수 있을지 스스로 점검도 해보고 OT에서 PT로의 구매 전환율이 높은 주변의 선생님들을 보면서 자문하고 학습했다. 구매 전환을 잘하는 강사들의 사례를 보면서 OT 성공률을 높이는 방법을 몇 가지 말해주겠다.

1) 당신이 필요하게끔 만들어라

사람이 가장 감사한 순간은 필요한 것을 제공 받았을 때다. 아무리 좋은 제품과 서비스도 필요하지 않다면 짐이 될 뿐이다. 대부분 이것을 파악하지 못하고 무작정 'OT는 무조건 PT로 전환하기 위한 수단'이라는 공식만 들고 가니 실패하기 쉽다. 지금 당장 PT가 필요하지 않거나 운동의 필요성을 딱히 모르는 상태라면 고객은 아무리 좋은 것을 알려주더라도 기억하지 못한다.

강사가 수업을 진행하면서 한 번쯤은 느낀 적이 있을 것이다. 부모님이 대신 결제를 해주고 억지로 끌려와서 하기 싫은 운동을 배우는 A 고객. 물론 트레이너의 역량으로 어느 정도 끌어줄 수는 있다. 그렇지만 운동하는 매 순간이 고통스럽고 운동의 필요성을 전혀 느끼지 못하는 고객에게는 좋은 스킬을 알려줘도 어떤 스킬이 중요한 것인지 모른다. 본인의 의지로 비용을 투자한 게 아니라면 더욱 그렇다.

반면 동네 트레이너에게 PT를 받다가 실망하고 운동을 그만둔 B 고객. 어느 날 나의 인스타그램에서 고객을 가르치는 모습과 전문성을 보고 왕복 2시간이 넘는 거리를 다니며 주 2회씩 PT를 받는다. 그렇다면 B 고객은 어떨까? 이런 고객은 대부분 수업 시간 동안 단 한 번도 집중을 놓지 않는다. 하나라도 나의 노하우를 더 배우려 하고 좋은 스킬을 알려주면 그게 정말 귀하고 좋은 것인 줄 안다. 이렇듯 사람은 본인이 필요하거나 본인에게 더욱 가치 있고 이롭다 느낄 때 진심으로 집중하고 열정적으로 한다.

고객이 헬스장에 운동하러 온 이유는 무엇인가? 다이어트, 근육량 증가, 체력 향상, 체형 교정 등 저마다 어떠한 목적을 가지고 등록했을 것이다.

처음에는 고객 스스로도 미디어 매체를 참고해서 그대로 따라 하면 올바른 자세로 완벽하게 따라할 수 있을거라 생각한다. 하지만 본인의 체형과 수행 능력을 파악하지 못하면 올바른 자세로 운동을 하는 것은 어려운 일이다. 우리는 이러한 상황에 처한 고객을 적극 도와줘야 한다. 고객 대부분은 운동 전문가가 되려고 운동을 하는 것이 아니기 때문에 완벽한 자세와 세트 수를 추구할 필요는 없어도 운동을 하다가 부상이 발생하면 안 되기에 강사가 그들을 방관해서는 안된다. 그래서 대형 센터에서 고객들을 대상으로 OT를 진행한다면 체형 평가 정도는 하는 것을 추천한다. 만약 체형 평가를 할 줄 모른다면 **FMS**Functional Movement Screen 평가 7가지만 배워도 기본적인 검사는 가능하다.

만약 전부 다 이해하기 어렵다면 'FMS 오버헤드 스쿼트' 평가를 우선으로 체크하는 것을 추천한다(온라인 매체나 NASM CES 교재에 친절하게 설명되어 있다). 체형 평가를 통해서 고객의 평소 안 좋은 습관을 유추하기도 하고, 안 좋은 자세로 인해서 약화되거나 과하게 긴장된 근육도 확인한다.

이러한 평가를 제공받은 고객은 강사가 단순히 운동만 가르치는 것이 아니라 맞춤형 솔루션을 제공하는 모습에 1차 신뢰를 느낄 것이다. 또한 중요한 것은 맞춤형 상담을 경험하고 그다지 필요하지 않다고 생각한 PT라는 서비스에 필요성을 느껴 구매를 할 수도 있다.

필요한 것을 잘 주는 사람들을 보면 고객에게 명확한 솔루션과 방향을 제공하지만, OT 단계에서 '디테일한 부분'까지 전부 다 주지는 않는다(전부 다 제공할 수 있는 시간이 안 되기도 한다). 마치 드라마가 1화부터 결말을 알려주지 않는 것처럼 솔루션을 통해 변화하는 과정은 절대적인 시간도 필요하며, 면밀하게 짜여진 수업의 플로우를 헤쳐선 안되기 때문이다. 또한 그들은 자신의 서비스가 가치 있다고 판단하면 고객에게 무료로 제공하는 것은 오히려 가치를 하락시키는 행위임을 인지하고 있다.

그러니 고객이 스스로 구매해야 할 '필요성'을 느끼도록 하고, 고객이 필요한 부분을 명확하게 줄 수 있는 강사가 되어야 한다. 그래야 당신의 세일즈가 더 명분이 있으며, 트레이닝의 가치가 더 높게 평가된다.

2) 나를 노출하라

대형 센터는 100평에서 1,000평이 넘는 공간까지 규모가 다양하다. 그래서 그만큼 절대적인 고객수도 많다. 그래서 매순간 고객 모두에게 매번 인사를 하기가 쉽지 않다. 하지만 적어도 내가 관리자로 있을 때는 소형 센터와 대형 센터 상관없이 PT를 받지 않는 고객은 물론이고 OT를 진행한 후 결제를 하지 않은 고객에게도 한결같은 태도로 인사하고 응대하도록 교육했다.

근육질 몸을 자랑하고 몸매가 돋보이는 운동복을 입어서 바디라인을 드러내는 게 나를 노출하는 최선의 방법이 아니다. 이러한 방법은 사람들의 호불호가 나뉘기도 하고 오랫동안 유지할 수 있는 방법도 아니다. 그렇다면 호불호가 나뉘지 않고 오랫동안 나를 노출하는 방법을 유지할 수 있는 방법은 무엇일까? 고객에게 한결같은 태도로 인사를 하는 것이다. 심지어 비용이 발생하지도 않는다. 센터 내에서 가장 밝게 인사를 잘하는 강사라는 타이틀을 쥐고 있으면 아주 손쉽게 나를 노출할 수 있다. 실제로 내가 알고 있는 선생님도 헬스장에서 모든 고객에게 인사를 잘한다는 이유만으로 고객이 자신의 지인에게 PT를 소개해 주거나 헬스장만 다니고 있던 고객이 갑자기 PT 상담을 받고 결제를 한 경우도 있었다.

대형 센터를 이용하는 고객들의 불만은 여전히 사람을 향해 있다. 몇 년이 지나도 똑같은 반응은 '헬스장 트레이너가 인사를 안 한다.', '트레이너들이 싸가지가 없어서 안 다닌다.', '운동하고 있는데, 불편하게 쳐다본다.', '트레이너가 시비를 건다.' 등이다. 여기서 시설에 관한 불만 사항은 기본만 잘 지킨다면 생각보다 많지 않다.

이 글을 보고 있는 당신은 아주 손쉽게 나를 노출할 수 있는 기회를 잡는 것이다. 2023년 현재 '인사'만 잘해도 고객에게 차별화된 곳이라고 인정받는 업계는 거의 없다. 고객에게 1시간당 5~10만 원의 비용을 받으면서 서비스를 제공하는 입장에서 '인사'라는 기본이 지켜지지 않는 경우가 많다는 것이 참 아이러니하다.

그러니 당신은 남들보다 더 손쉽게 나를 노출하고 알리도록 밝은 미소로 인사만 잘해도 트레이너로서 차별화된 사람이 될 것이다.

3) 지속적으로 고객을 관리하라

대형 센터에서 중요한 것은 잠재 고객의 지속적인 관리다. OT에서 PT로 구매 전환에 실패했어도 고객을 꾸준히 관리해야 한다. 소형 PT 샵과 달리 대형 센터는 지금 당장 OT 수업을 통해 결제가 이루어지지 않았어도 개인운동을 하러 나오는 고객님과 3~12개월은 꾸준히 마주할 것이기 때문이다. 혼자 운동하면서 언젠가 당신이 필요하다고 느낀다면 그 즉시 당신을 찾게 될 것이다. (하지만 OT를 잘하지 못했다면 당신을 찾을 가능성은 매우 낮다.)

내가 대형 센터에서 트레이너를 할 때 있었던 일이다. 20대 후반의 전문직 여성 고객이었는데, OT를 진행할 때부터 굉장히 차갑고 방어적이었다. 역시나 OT를 마치고 PT 결제를 하지 않았다. 하지만 나는 정말 관리를 해드리고 싶은 마음이 컸다. 그래서 한 달에 한 번씩 먼저 다가가 체성분 검사를 진행해 드렸고 잘못된 자세로 운동을 하고 있으면 피드백을 주면서 올바른 자세를 알려줬다. 그렇게 3개월이 지났을 때쯤 나를 매우 차갑게 대하던 그 고객님이 먼저 PT 등록 신청을 했다. 그로부터 나와 함께 1년 이상 PT를 진행한 장기 고객이 되었고, 운동의 재미와 가치를 진정으로 느꼈으며 원하는 몸무게까지 감량도 성공했다. 언제나 고객에게 진심으로 대하고 단기적인 시야로만 고객을 관리하면 안 된다. 지금 당장 매출만이 정답이라고 생각한다면 정말 많은 것을 놓치게 될 것이다. 뛰어난 세일즈 스킬도 본질을 지키지 않은 상태에서는 아무런 의미가 없다는 것을 꼭 기억하길 바란다.

소형 센터(PT 상담)의 차별화

고객은 PT 샵을 왜 선택했을까? 실제로 PT 샵에 다니고 있는 여러 고객에게 물어보니 다양한 답이 나왔다.

1. 하루 종일 일과 사람에 치여서 운동하는 시간만큼이라도 북적거리는 것을 피하고 싶다.
2. 운동을 막 시작해서 근육이 많은 사람 사이에서 운동하는 것이 부끄럽고 눈치보인다.
3. 대형 센터는 연령대가 다양하여 나를 쳐다보는 불편한 시선이 싫다. 그래서 20~40대가 가장 많이 이용하는 PT 샵을 다니고 싶다.
4. 내향적인 성격이라 간섭을 받는 것이 부담스럽다.

고객들은 이렇게 다양한 이유로 소규모 센터를 찾는다. 그런데 수요가 늘어난 만큼 공급도 너무 많아졌다. 대형 센터보다 적은 자본으로도 창업이 가능한 구조라 이러한 현상이 생긴 것도 한 몫한다. 그렇다면 우리가 소형 센터를 현명하게 운영할 수 있는 방법은 무엇일까? 우선 센터를 찾아오는 경로를 파악해야 한다. 대부분의 소형 센터는 고객들이 온라인으로 먼저 검색을 해서 대략적인 정보를 파악한 후 찾아오는 경우가 많다. 길을 지나가다가 센터를 보더라도 바로 들어가서 상담받기보다 온라인으로 먼저 검색하고 1차적으로 믿을 만한 곳인지 확인해 보는 것이다.

이 과정을 거치지 않고 바로 상담부터 예약하고 결제하기를 원하는 것은 너무 큰 기대다. 또한 요즘처럼 한 건물마다 PT 샵이 있는 곳에서는 더욱 쉽지 않다. 그러니 파트마다 고객에게 차별화를 느낄 수 있도록 하는 방법을 긱 현장에 적용해 보자.

1) 문의
2) 상담
3) 상담 후

총 3가지 파트로 나누었다.

1) 문의

문의는 기본적인 멘트부터 매크로로 구성한다면 자동화가 가능하다. 휴대폰 메모장이든 자동완성 기능이든 어떤 것을 써도 좋다. 그리고 고객이 상담 예약을 확정하면 성함과 예약한 날짜/시간만 변경해서 전송하면 된다. 또한 사소한 부분이지만 응대할 때 중요한 팁을 알려주겠다.

나는 문의 또는 상담 예약 중인 고객에게 'ㅎㅎ'나 'ㅋㅋ'와 같은 웃음을 쓰지 않는다. 친근함을 어필하기 위해 예의 없게 느껴지거나 격의 없이 느껴지는 대화체를 사용하면 오히려 고객의 반감을 불러일으키기 때문이다. 예를 들어 당신이 한 회사에 지원하기 위해 이력서를 쓴다고 가정해 보자. 그 이력서에 격의 없이 웃는 이모티콘을 사용할 수 있을지 생각해보면 된다.

어떠한 경로로 문의가 들어왔건 간에 우리에게 비용을 지불하는 고객이다. 돈거래가 오고 가는 비즈니스 관계라는 뜻이다. 비즈니스 대화에서는 웃음 섞인 가벼운 태도 대신 예의 바르고 정중한 태도를 유지하는 것이 더욱 중요하다. 상대방에게 부적절한 인상을 주거나 진지한 주제로 대화를 하는 와중에 경솔하게 보일 수 있는 행동은 최대한 자제해야 한다.

> 안녕하세요. (성함)님 하이엔드핏PT 입니다 🙏
> 화요일(20일) 오후 7시에 상담 예약 확정해드렸습니다!
> 방문하실때는 편한 복장 입고 오시거나 챙겨오시면 됩니다.
>
> 아래 링크 참고하셔서 온라인 상담일지 작성 부탁드릴게요 🥺
>
> https://forms.gle/ruT2gGic9SSgQJJW9
>
> 오후 8:14

텍스트를 올바르게 작성했다면 안내 문자 텍스트 하단에 '온라인 상담 일지' 링크를 첨부한다. 상담 일지는 총 9가지의 문항(개인정보/직업/운동 경험/운동목적/불편 부위 체크/부상 이력/유입경로/레슨 희망 시간대/기타 문의 사항)으로 구성되어 있으며, 실제 오프라인 상담 일지와 같은 문항으로 구성되어 있다. 여기서 '온라인 상담 일지'를 전송해야 하는 이유를 궁금해하는 분들을 위해 그 2가지 이유를 알려주겠다.

첫 번째는 고객의 니즈를 미리 파악할 수 있다.

상담을 잘하는 베테랑이라면 어떠한 상황에서든 상담에서 결제까지 잘 리드한다. 하지만 트레이너의 경력이 평균 3년 이내가 가장 많다는 통계를 고려한다면 온라인 상담 일지를 통해 센터를 방문하는 고객의 니즈가 무엇인지 '미리' 파악하는 것을 추천한다. 또한 대표 입장에서는 강사의 트레이닝 및 컨디셔닝 케어 교육 방향이나 CS 등 방향이 구체화되는 것이므로 긍정적이다. 우리 센터 상권은 업무 상권보다는 주거 상권에 가깝다. 또한 대중교통을 이용하여 회사로 출근하기 편한 지역이라 20~30대 1인가구가 많으며, 여성의 비율이 압도적으로 높다. 그래서 나는 여성 고객이 선호하는 센터의 이미지나 기구, 홍보를 할 때의 키워드 등 다양한 기준을 2030 여성 고객에게 맞춰서 관리한다.

직업은 무엇인가요?

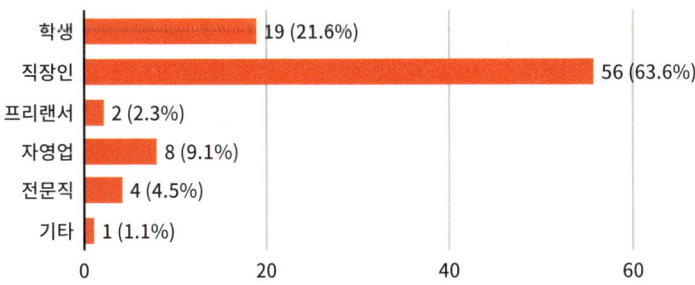

운동목적은 무엇인가요?(중복 체크 가능)

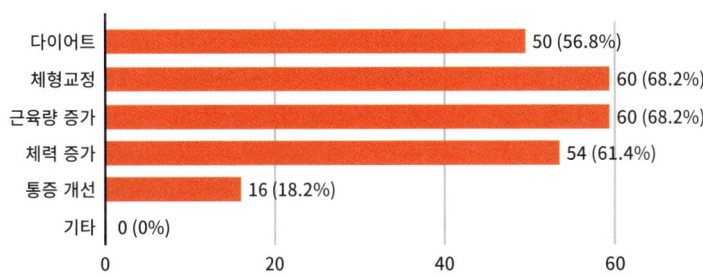

평소 아프거나 불편한 부위는 어디인가요?(중복 체크 가능)

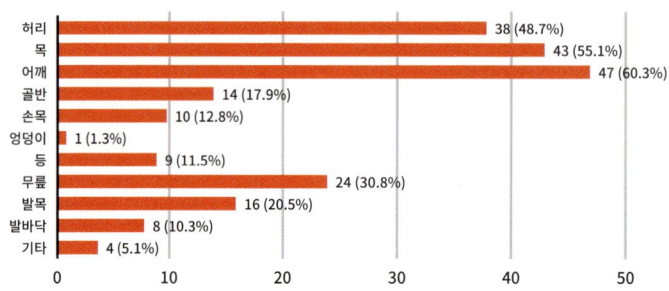

유입 경로는 무엇인가요?

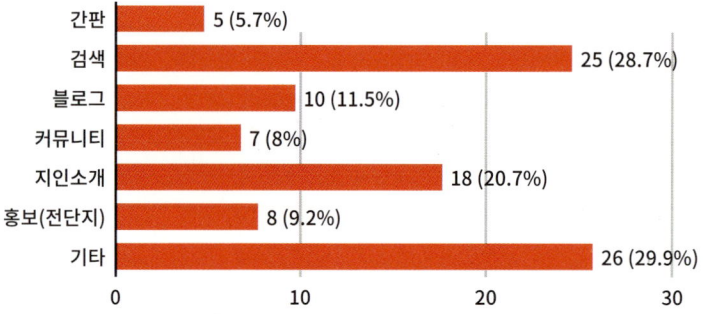

또 다른 온라인 상담 일지의 장점은 자동으로 결과를 분석해 준다는 것이다. 센터에 방문하는 고객들의 연령대부터 운동 목적, 유입 경로 등 다양한 부분을 확인할 수 있어 세일즈나 마케팅을 할 때 유용하게 활용할 수 있다. 만약 지금 당장 통계를 보고 상담하는 플로우 체크가 어렵다면, 결과를 토대로 모의 트레이닝을 권장한다. 시니어 강사 또는 상담 성공률이 높은 강사와 상담 시뮬레이션을 통해 피드백을 진행해 보고 적용하는 연습한다면 온라인 상담일지를 더욱 잘 활용할 수 있을 것이다.

❚ 두 번째는 어려운 사례를 미리 인지하고 파악하기 위해서다.

평소에 트레이닝 관련 공부를 많이 한다고 하더라도 분명히 어려운 사례는 존재한다. 생전 처음 들어보는 병명을 가진 고객의 요청이 들어올 수도 있다. 과연 이 상황을 전혀 모르고 있다가 오프라인 상담 때 알게 되었다면 고객에게 어떠한 조언과 솔루션을 줄 수 있겠는가? 아니면 솔직하게 "저는 이 병명에 대해 전혀 아는 것이 없지만, 최선을 다해 도와드리겠습니다."라고 말할 것인가? 안타깝지만 현재는 어디를 가도 보이는 게 PT 샵이다. 불확실한 답변을 주는 곳에 고액을 주고 본인의 몸을 맡길 고객이 얼마나 있을까.

그러니 온라인 상담 일지를 통해서 어려운 사례를 마주하더라도, 상담 전까지 해당 사례에 대하여 미리 찾아보고 학습해 둔다면 조금 더 수월하게 대처할 수 있다.

2) 상담

"우리가 제일 잘하는 것은 듣는 것이 아니라 말하는 것이다. 그러나 판매하려면, 우리가 듣는 것이 제일 중요하다." - 로이 B. 윌리엄스

우리를 찾아온 고객에게 하나라도 더 좋은 것을 알려주고 싶은 마음은 이해한다. 하지만 아이러니하게도 상담 때 상담자가 고객보다 말을 더 많이 할수록 결제 성공률은 낮아질 것이다.

머릿속으로 상황을 떠올려 보자. 고객은 우리의 서비스가 필요하기 때문에 방문한다. 그 서비스가 왜 필요한지 고객은 상담자와 대화를 나누면서 언급해줘야 한다. 하지만

고객은 모든 질문을 준비해서 오는 것은 아니기에 대화하면서도 분명히 놓치는 부분이 있다. 그래서 고객은 본인이 어떤 말을 해야 할지 잊어버리는 경우가 생긴다. 바로 이때 상담자의 역할이 중요하다.

상담자는 고객이 PT가 필요하다고 느낀 이유와 PT 샵을 찾아오게 된 배경 등을 스스로 차근차근 말할 수 있도록 다양하게 질문을 해야 한다. 또한 선을 넘지 않는 대화를 주고받으며 고객의 히스토리도 파악해야 한다. 강사가 고객을 오늘 처음 본 사이여도 몸을 움직이는 것과 연관이 있다면 최대한 많은 연결고리를 체크해야 한다. 최소한 알고 있어야 할 정보나 리스크 포인트를 꼼꼼히 체크해야 더 면밀하게 체크가 가능하기 때문이다.

직업 하나로만 대화하더라도 고객이 어떤 습관을 지니고 있는지, 통증이 발생한 원인이 무엇인지 등을 찾을 가능성이 크다. 직장인이라면 대부분 앉아서 보내는 시간이 길 것이고, 모니터 위치에 따라서 양쪽 목 근육의 텐션도 다르니 불균형한 자세로 인해 통증이 발생할 가능성이 크다. 상담자는 이러한 질문부터 차근차근 진행한다. (단, 절대 단정 지어서 질문하는 닫힌 대화는 추천하지 않는다. 예외는 항상 존재하기 때문이다. 또한 고객이 직업이나 신상 정보를 자세하게 말하는 것을 꺼린다면 과감하게 해당 질문을 넘어가는 것을 권장한다)

이렇게 총 9가지의 항목을 고객과 대화하며 흐름을 이어 나간다면, 우리에겐 2가지 이득이 있다.

| **첫 번째는 경계심으로 닫혀있는 고객의 마음을 열 수 있다.**

고객도 당연히 결제가 이루어지는 공간으로 들어서는 순간 어떠한 방식으로든 세일즈가 진행될 것으로 생각한다. 또한 각종 온라인 매체에서 소위 '양아치 운동 강사'들에 대한 논란과 말이 많기 때문에 더욱 경계할 수밖에 없다. 그래서 고객은 처음부터 쉽사리 열린 마음으로 다가오지 않는다. 하지만 만약 50분가량 온전히 고객과 소통하는 데 시간을 쓰고, 그들에게 필요한 명확한 솔루션의 큰 틀을 제공한다면 어떨까? 고객은 어느 순간부터 강사가 영업을 한다는 생각보다 고객 스스로 운동을 '왜' 하러 왔는지를 다시 한번 더 생각하게 된다. 상담자는 고객과의 진실한 소통을 통해서 고객 스스로 운동의 필요성을 인지하는 과정을 만들어 준 것이다.

또한 잘 들어주고 소통과 공감만 했을 뿐인데도 고객은 스스로 지갑을 열 가능성이 커진다. 이것이 바로 소통과 공감대 형성의 힘이다. 상담하는 순간만큼은 이성보다 감성이 압도적으로 더 자극되도록 진행해야 한다. 단순히 감성팔이를 하라는 것이 아니라 상담과 앞으로 이 운동에 대한 '기대감'을 증폭시켜 더욱 궁금하고 필요하도록 만들어야 한다는 뜻과 같다. 특히 PT 샵의 주 고객층이 여성이라면 그들의 이야기를 더욱 많이 들어야 한다. 책 《뇌, 욕망의 비밀을 풀다》 에서는 "큰 금액을 지출할 경우 남성은 전체 비중의 70%를 제품(서비스)에 30%를 판매원에게 집중한다. 반면 여성은 무엇보다 상담과 설명을 해주는 판매원과의 감성적인 소통이 제대로 이뤄져야 제품(서비스)을 구입한다."라고 말한다. 결론은 업계를 막론하고 고객의 이야기를 잘 들어주는 것만으로도 성공적인 세일즈로 이어질 수 있다는 것이다.

두 번째는 고객과 운동을 시작했을 때 알고 있어야 할 정보를 많이 얻을 수 있다.
실제로 상담하고 체형 평가를 한 뒤 고객이 기록한 것 외에도 새롭게 발견하는 사항이 많다. 이러한 부분을 고객에게 한번 넌지시 이야기해 본다. "지금, 이 평가를 보면, 왼쪽 발 아치가 무너지는 현상이 보이네요. 운동을 하기 전 아치를 활성화하는 스트레칭과 운동을 몇 가지 진행하는 것이 좋습니다. 제가 다음에 다시 말씀드릴게요."라고 말하면 가끔씩, "어, 맞아요. 생각해 보니까 제가 예전에 걷다가 왼쪽 발목을 다쳐서 잠깐 반깁스를 한 적이 있었는데, 그게 영향을 주는 걸까요?"라고 답을 하는 경우도 있다. 현재는 아무렇지 않고 부상이력도 너무 과거형이라 고객 스스로도 잊고 있었을 가능성이 크다.

하지만 부상 이력은 다양한 자세와 중량으로 인해 언제든 발생할 수 있는 위험 포인트다. 그래서 미리 예방하는 것이 가장 현명하다. 또한 고객이 미처 파악하지 못했어도 먼저 파악 후 솔루션을 제공하는 강사에게 더 신뢰가 간다. 라포 형성과 신뢰도를 높이는 등 어떠한 이유에서든 고객이 스스로 말을 많이 하도록 대화를 이끄는 것은 현명한 방법이다.

3) 상담 후

상담 후에는 2가지 경우만 존재한다. 결제를 성공한 경우와 실패한 경우다.

어떠한 비용 지불 없이 내일모레 와서 결제하겠다고 하는 것도 불확실성이 높으므로 결제를 실패한 것에 가깝다. 어떠한 상황이든 비용을 결제하지 않았다면 주도권은 여전히 고객에게 있기 때문이다.

하지만 이때 상담자가 아예 포기하고 손을 놔버리는 행동은 더 큰 문제다. 고객이 지금 당장 결제하지 않았더라도 향후 당신의 태도에 따라서 재방문을 고려해 볼 수도 있을 테니 말이다. 결제를 성공했을 때와 실패했을때 어떻게 응대해야 할지 더 이득이 될지 알려주겠다.

첫 번째, 당일 결제에 성공했을 때

고객은 상담자에게 상담을 받고 PT라는 서비스에 비용을 투자할 만한 가치를 느꼈다. 이때 고객은 다른 곳을 둘러보고 왔을 수도 있고 우리 센터만 방문했을 수도 있다.

하지만 이러한 상황에서도 최악의 상황은 발생한다. 상담자가 결제까지 마치고 안심한 나머지 첫 수업 전까지 고객에게 어떠한 연락도 하지 않거나, 상담때 약속한 온라인 매니징이 수업전부터 제대로 이루어지지 않는 경우에 고객은 충분히 환불을 할 가능성이 있다. 결제를 했다고 다 이룬 것처럼 고객을 방치한 것이 가장 큰 원인이다. 그래서 상담자나 상담자에게 고객을 인계받은 강사는 결제한 순간이 끝이 아니라 비로소 관리의 시작임을 명심해야 한다.

두 번째, 당일 결제에 실패했을 때

고객을 한 번에 사로잡지 못한 상담자의 역량 부족이 가장 큰 원인이겠지만 그렇다고 손을 놓고 있으면 안 된다. 상담이 끝나고 결제를 하지 않았어도 끝까지 사후관리를 해주는 곳은 고객이 고민할 때 한 번 더 생각할 수밖에 없다. 그래서 나는 상담 때 열심히 파악한 내용을 정리하여 고객에게 전송한다. 어떠한 수단을 동원하거나 제안을 해도 고객이 현장에서 결제하지 않고 센터 밖으로 나갔다면 그다음 전략은 주기적으로 고객 눈에 계속 띄는 것이다.

고객이 어떤 상담을 받았고, 어떤 부분을 센터에 요청했는지, 그에 더해 체형 평가 결과까지 요약해서 전송한다. 이때 100% 모든 솔루션을 제공하기보다는 고객 맞춤형으로 큰 틀 위주로 정리하는 것이 좋다. 앞으로 진행할 수업을 맛보기로 미리 제공한다고 생각하면 된다. 이렇게 고객에게 맞춤형으로 정리된 상담 및 PT 플로우를 정리한 내용을 보면서 고객이 우리 센터를 선택할 수 있도록 만들어야 한다.

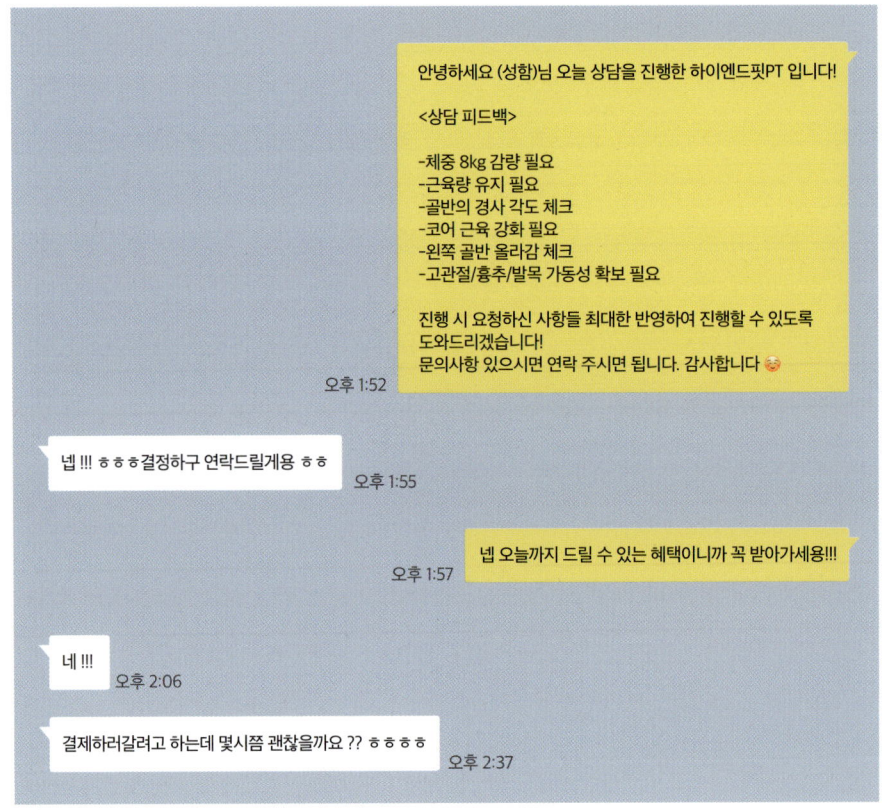

위 사진은 당일 결제를 하지 못했던 고객에게 피드백 메시지를 보낸 예시다. 고객은 상담 때 PT 가격을 처음 알게 되었고, 우리 센터의 가격은 다른 곳의 기본 1회당 가격보다 조금 더 높은 수준이었다. 고객은 첫 PT이기도 하고 비싸다는 생각이 들어서 주말 동안 고민을 해보겠다고 말했다. 상담의 흐름이나 센터의 분위기는 너무 좋았지만, 학생 신분이라 예상한 금액보다 조금 더 비싸서 구매를 망설이는 것을 알게 되었다.

그래서 나는 현장에서 바로 결제하도록 제안하는 것은 오히려 역효과가 있을 수 있다고 판단했다. 그 후 상담 내용을 큰 틀 위주로 정리하여 전송했다. 고객은 센터 주변 카페에서 고민하다가 텍스트를 다시 읽은 후 다시금 운동의 필요성을 느껴 센터로 돌아와서 결제를 했다.

이렇듯 우리는 5%의 가능성을 10%로 증폭시킬 수 있고 100%까지 증폭시켜 불가능했던 결제도 가능하게끔 만들 수 있다. 말 한마디가 천 냥 빚을 갚는다는 속담이 있듯이 한 문장이 고객의 마음을 뒤흔들 수 있다는 것을 꼭 기억하자.

공통

1) 1회 PT 체험수업 차별화

센터 규모에 상관없이 대부분 1회 체험수업을 제공한다. 또한 상담은 무료로 제공하는 경우가 많지만 1회 체험수업은 실제 수업료의 70~80% 정도로 할인 혜택을 제공하여 장벽을 낮춘다. 고객에게 1회 PT 체험수업을 제공하는 이유는 대표적으로 3가지다.

│ 첫 번째, 운동의 가치를 말로만 하는 것은 한계가 있다.
1:1 PT 상담 때는 보통 체성분 검사, 체형 평가, 간단한 동작 테스트만 하더라도 50분은 금방 지나간다. 그렇기 때문에 이 모든 것을 다 포함하고 실제 PT 수업처럼 진행하는 것은 다소 무리가 있다. 또한 운동을 배우러 오는 공간이기에 고객의 입장에서도 말로만 상담하는 것과 몸소 느껴보는 것은 매우 다르다.

│ 두 번째, 고객 스스로 운동의 필요성을 느낄 수 있다.
1회 PT 체험수업을 신청한 고객은 워크인이나 상담을 신청한 사람보다 운동의 필요성을 조금 더 느끼는 고객일 가능성이 크다. 그렇다면 강사는 실제 1회 PT 체험수업을 진행하면서 고객이 부족한 부분을 스스로 인지하도록 이끌어야 한다. 만약 남들은 쉽게 하는 스트레칭이나 동작인데 본인은 자세가 제대로 안 나오는 것을 몸소 느낀다면 스스로 운동의 필요성을 느끼는 것처럼 말이다.

이러한 상황에서 나는 강사의 운동 수행 능력도 중요한 셀링 포인트라고 생각한다. 만약 강사는 운동 동작 시범을 쉽게 보여주는데, 그에 비해 고객이 해당 동작을 진행했을 때는 힘들고 어렵게 느껴져야 한다. 만약 시범을 보이는 강사조차 자세를 제대로 잡지 못하거나 부들부들 떨리는 모습을 고객이 보고 있다면 신뢰가 떨어질 수밖에 없다.

그래서 나는 맨몸으로 하는 운동인데도 고객이 상대적으로 약한 근육만 타깃하여 하는 동작을 시범 보이고 테스트한다. 무게를 들고 스쿼트라는 운동을 배우기에 앞서 맨몸으로 정확하게 대퇴직근과 둔근만 타깃하여 해당 근육만 쓰이는 느낌을 약 50% 정도 받는다면 운동의 필요성을 더욱 느낌과 동시에 강사에게도 신뢰가 간다.

세 번째, 본인의 실력을 증명할 기회이다.

강사는 무엇보다 운동을 잘 가르쳐야 하는 사람이고, 가장 자신 있게 어필할 수 있는 부분이다. 그래서 영업 스킬인 상담과 세일즈는 트레이닝보다 비교적 약할 수밖에 없다. 트레이닝 실력 뛰어난 강사도 고객과 대화하는 것이 서툴거나 상담 스킬 및 센스가 다소 부족하면 결제를 실패하는 경우도 있기 때문이다. 실제로 수업을 진행한다면 고객을 충분히 만족시킬 수 있는데도 말이다. 이런 경우의 트레이너는 오히려 상담보다 1회 체험수업 때 강력하게 본인의 장점을 보여줄 수 있다. 여기에 몇 가지만 더 수정, 보완해서 수업을 진행한다면 체험수업 후 결제 성공률은 더욱 높아질 것이다.

체험수업 주의사항

고객의 체형이 많이 불균형하고, 불균형한 체형을 개선해야 하는 기초 작업부터 진행해야 하는 상황이라고 가정해 보자. 그런데 고객의 대표 니즈는 15kg를 감량하는 '다이어트'다. 강사는 여기서 어떤 선택을 해야 할까? 이 상황에서 나라면 주저 없이 15kg를 감량하는 것에 포커스를 맞추고 1회 PT 체험수업을 진행한다. 우리는 객관적으로 고객에게 현재의 문제점을 알려줄 필요와 의무가 있다. 그래서 체형을 개선할 수 있는 스트레칭과 운동을 해야 한다고 말할 수도 있다.

하지만 그것이 고객의 현재 우선순위가 아니고, 15kg를 감량하지 않으면 운동 자체를 시도하지 않을 사람이라면 오히려 강사의 니즈를 강조하는 것은 체험수업의 흐름을 망칠 수도 있다. 비용을 지불하고 서비스를 제공하는 입장에서 무엇보다 중요한 건 고객의 니즈 충족과 만족감이다. 니즈부터 충족한 뒤에 정말 필요한 부분을 천천히 조언해도 늦지 않다. 본인이 가장 원하는 목적을 이룬 상태에서는 강사에 대한 신뢰도 높아져 있을 것이고, 고객 또한 다른 것도 도전할 수 있는 여유가 생긴다.

이번에는 트레이닝 관점에서 체험수업에 대해 설명하겠다. 트레이너마다 트레이닝의 방식도 다르고, 중요하게 생각하는 포인트와 개성도 다르다. 대표적인 하체 운동이자 힙 운동인 '스쿼트'라는 동작에 대해 가르치더라도 A와 B 선생님의 스타일이 다른 것처럼 말이다.

만약 고객의 니즈가 힙 업이라고 가정해 보자. 그런데 나는 상체 운동을 더 섬세하게 잘 가르치는 사람이다. 그러면 우선 고객의 니즈인 힙 운동을 중점적으로 진행한다.

하지만 그 이후 시간에는 힙을 더욱 부각하기 위해서 허리와 등의 라인을 예쁘게 만드는 상체 운동도 병행해야 한다고 설명한다. 고객의 니즈가 어느 정도 충족된 상태에서 이렇게 다른 방향으로 유도한다면 고객도 자연스럽게 납득할 것이고 강사또한 가장 자신 있는 트레이닝이니 고객의 만족도 또한 높을 것이다. 그러니 자신이 가장 잘하는 트레이닝과 고객의 니즈가 다르더라도 유통성 있게 체험수업 때 느끼게 해주는 것이 중요하다.

또한 움직임이 최소화된 트레이닝을 진행하는 것이 효과가 좋다. 1회 PT 체험 수업을 받는 고객의 운동 수행 능력은 초급~중급 정도인 경우가 대다수다. 그래서 체험 수업부터 운동 동작을 과도하게 반복하다 보면 근육은 금방 지치게 되고 관절을 더 많이 쓰게 된다. 체험수업에서는 이 부분만 개선되는 느낌을 주더라도 고객은 운동하는 부위에 근육만 쓰는 느낌을 파악할 수 있다. 여기서 핵심은 누구나 다 보고 따라 할 수 있는 운동 동작도 똑같이 '쉽게' 가르쳐신 안 된다는 깃이다.

런지라는 운동을 예시로 들어보자.

1. 양다리를 벌린다.
2. 허리가 굽지 않도록 상체를 곧게 세운다.
3. 앉는다.
4. 일어난다.

런지는 총 4단계 시퀀스로 이루어진 운동이다. 하지만 실제로도 1~4번과 똑같이 큐잉을 한다면 고객은 유튜브를 보면서 따라 해도 충분하다고 생각할 수 있다. 그래서 나는 한 동작을 가르치더라도 1세트가 2~3분 동안 진행되도록 다양한 변화를 준다. 큐잉을 더욱 섬세하고 세밀하게 전달하고, 고립 운동 시에는 반동을 최대한 지양하기 위해 가동 범위를 다양하게 나누어 자주 멈추고, 해당 위치에서 근육의 퍼포먼스를 최대치로 끌어 올린다. 움직임을 최소화하되 해당 부위에 자극은 150% 이상 들어가게 만드는 것이 핵심이다.

또한 운동 리듬의 변화도 다양하게 가져가는 편이다. 같은 동작이더라도 등척성, 등속성, 신장성 수축을 활용하면 전혀 다른 운동이 되기 때문이다. 고객은 원래 알고 있던 런지와 전혀 다른 운동으로 받아들일 것이고 혼자서 운동하면서 느껴보지 못한 자극점을 찾게 된다면 PT의 필요성과 강사에 대한 신뢰 또한 올라갈 수밖에 없다. 체험수업은 최대 60분으로 진행된다. 60분 안에 상담과 설명, 다양한 운동 동작을 모두 보여주기엔 물리적인 한계가 있다. 그러므로 특정한 1~2 부위에만 집중하자. (물론 고객의 니즈에 맞는 부위의 운동이어야 한다.)

이러한 방법으로 체험수업을 진행한 결과, 1회 PT 체험수업 후 결제 성공률이 약 80% 이상이었다. 여기서 트레이닝의 개념과 중요성을 이야기할 것은 아니지만 세일즈 관점에서도 알아두면 좋은 방법이다. 남들과 똑같은 방식으로 운동을 가르치거나 미디어를 보면서 충분히 따라할 수 있다면 고객은 굳이 당신에게 결제할 이유가 없다. 같은 시간 운동을 하더라도 훨씬 더 큰 자극을 느끼고, 운동을 한 번도 해보지 않았던 사람도 근육의 쓰임을 느낄 수 있도록 꾸준히 연구해야 세일즈의 성공률도 높아질 수 있다.

세일즈의 본질, 재등록

강사로서 '본질'의 가치를 인정받는 세일즈의 끝판왕은 결국 재등록이다. 강사로서 본질은 고객마다 다를 것이다. A라는 고객은 고도화된 트레이닝을 본질이라고 정의할 수도 있고, B라는 고객은 운동보단 강사와 생각이 비슷하고 대화가 잘 통하는 것을 본질이라고 정의할 수도 있다. 어떠한 이유든 운동업계 강사 대부분은 한명의 고객만 케어하는 것이 아니며, 해당 강사도 모두에게 동일한 가치로 만족감을 느끼게 하는 것도 아니다.

또한 대부분 재등록률이 높은 강사는 수업에 대한 가치가 입증된 사람들이다. 그들은 앞으로도 관리자나 대표가 되어서도 승승장구할 가능성이 높다. 이것은 변하지 않는 세일즈의 원칙 중 하나다.

또한 재등록은 먼저 권유하기보다 요청을 받는 것이 가장 본질에 가깝다. 수업 기간에 고객에게 충분히 운동의 필요성을 인지시키고 고객이 원하는 목표를 이루기 위함이거나 강사와 함께하는 PT 수업이 앞으로도 더 필요하다고 느끼면 고객 스스로 결제를 하기 때문이다.

그래도 특수한 상황 때문에 고객의 재등록 여부를 미리 파악해야 한다면, 강사와 고객이 서로에게 불편한 상황을 피하는 것이 좋다. 가장 효율적인 방법은 수업이 약 80% 정도 진행되었을 때 재등록 여부를 텍스트로 먼저 고지하면 된다. 고객이 더 이상 강사의 PT 수업이 필요 없다고 생각하거나 개인 사정상 PT를 등록할 수 없다면 재등록은 어려울 것이다. 하지만 운동의 흥미를 느끼기 전이라거나, 최종 목표를 이루기 위해서 시간이 더 필요하다면 고객이 횟수부터 고민할 수 있도록 재등록을 미리 고지하는 방법도 도움이 될 수 있다.

만약 고객이 최종 감량 목표가 -15kg라고 가정해 보자. 당신에게 PT 20회를 받으면서 약 -8kg를 감량했다면 최종 목표에서 2/5를 이룬 상태다. 수치가 얼마나 되었든 간에 고객에게 긍정적인 반응이 나타났다면 남은 3/5을 이루기 위하여 새로운 단·중기 목표를 설정하는 것이 좋다. 그리고 이 목표를 이루는 데 포커스를 맞추고, 그다음으로 목표를 이루려면 어느 정도의 횟수와 기간이 필요한지를 추천하는 것이 진짜 고객을 위한 솔루션이다. 이러한 진실된 마음은 고객에게도 전달되어 목표를 이루기 위한 추가 결제를 진행할 것이다.

4장

세일즈 관련 Q&A

세일즈 워크아웃

고객 질문 첫 번째,
가격이 너무 비싸요

이제는 하나의 고유명사가 되어버린 '가격이 너무 비싸요'.

열심히 상담하고 프로그램과 가격을 안내하는 순간 돌아오는 대답이 이렇다면 허무함이 느껴지기도 한다. 하지만 고객들이 PT라는 서비스가 "너무 싼데 질도 높아서 더 비싸게 결제하고 싶다."라고 말하는 경우는 거의 없다.

또한 수업의 질이 높다면 당연히 다른 강사들보다 1회당 단가가 높을 것이고, 질이 낮다면 기본 1회당 단가가 낮을 것이다. 물론 지역이나 주 고객의 특성에 따라 가격대의 편차가 발생할수도 있지만, 자본주의 시장 원리가 적용되는 것은 똑같다. 고객들이 해당 제품이나 서비스를 구매할 때 합리적이라고 생각하는 금액대로 평균값이 정해진다.

현재 PT 가격은 지역마다 조금씩 다르겠지만 보통 1회당 5만 원부터 10만 원대로 형성되어 있다. 실력 있고 브랜딩이 잘된 강사는 1회당 평균 7~10만 원의 비용을 받는다. 또한 다른 센터보다 가격이 비싸더라도 고객은 수업에 만족하고 가치를 느끼기에 재등록은 기본이고 수요가 끊이질 않는다.

그러면 여기서 되돌아보자. 고객이 '가격이 너무 비싸다'고 하는 이유는 대표적으로 2가지가 있다.

1. 본인의 트레이닝 실력에 비해 회당 가격이 높게 설정되어 있다.
2. 가격 할인 혜택을 받고자 제안을 하는 것이다.

먼저 1번의 경우를 살펴보자. 다양한 이유가 있겠지만, 고객은 자신이 느낀 가치에 비해 월등하게 가격이 높은 것이 아니라면 대부분 구매를 한다. 그래서 이러한 이유라면 무작정 세일즈 스킬부터 익힐 것이 아니라 객관적인 나의 실력이 해당 근무지에서 받고 있는 PT 가격과 부합한지 확인해야 한다.

2번의 경우는 조금 다르다. 만약 객관적으로 트레이닝 실력이 갖춰져 있지만 세일즈 스킬이 부족하다면 결제를 할 수 있는 고객도 놓칠 가능성이 있다. 고객이 조금 더 가격 혜택을 받아보고자 제안하는 것은 누구나 그럴 수 있기 때문에 적절하게 대처할 센스만 있으면 된다.

그래서 강사는 '가격이 너무 비싸요'라는 고객의 말에 당황하지 않고 적절히 대응할 필요가 있다. 나는 PT 샵과 대형 센터 모두 관리자로 있어보았고 현재는 PT 샵 대표로 있다. 경험상 효과가 좋았던 방법을 소개하겠다.

우선 '비싸다'라는 말에 똑같이 '비싸다'라는 단어로 되받아치는 것은 지양한다.

예를 들어 "사실 저희가 다른 곳보다 1~2만 원 더 비싼 이유는 어떠한 가치를 더 드리기 위해서~"라는 식으로 되받아치면 고객의 머릿속엔 오로지 '비싸다'라는 것에만 초점을 맞춘다. 그러므로 '비싸다'라는 단어를 지속적으로 언급하기보다는 관점을 바꾸는 것을 추천한다. 아래에서 소개할 응대법은 고객이 가격보다 '가치'에 집중할 수 있도록 '가치 대변자'를 끌어와서 대화를 이어 나가는 방법이다.

응대법 A

"그렇게 생각하실 수 있습니다. 다만 현재 센터에 이 가격으로 등록하고 운동하는 고객님이 N명이 넘습니다."

"이 고객님들도 처음에는 타 센터보다 약간 더 비싼 가격에 고민하셨지만, 수업과 온라인 관리에 가치를 느끼시고 꾸준히 재등록하고 계십니다. 무엇보다 많은 고객님들이 눈으로 보이는 변화를 느끼고 계십니다. 고객님께서도 저희 센터에 등록하신다면 투자하시는 시간과 금액 그 이상으로 만족하실 겁니다!"

응대법 B

"저희는 혜택도 중요하지만 고객님의 상황도 중요하다고 생각합니다. 현재 금액을 한 번에 결제하시는 것이 부담스러우신 상황이라면 적은 횟수의 프로그램부터 먼저 경험해 보는 건 어떠신가요?"

"고민 중이신 30회가 1회당 가격이 할인 혜택을 가장 많이 받고 목적을 이루기 위해 충분한 횟수라고 판단되지만, 10회나 20회를 먼저 경험해 보시고 변화를 보면서 추가 구매를 결정하시는 걸 추천해 드립니다. 어떤 횟수로 진행하시더라도 고객님의 니즈를 반영하여 운동 프로그램을 구성해 드리겠습니다."

이렇게 응대한다면 당일에 결제를 망설이던 고객도 본인의 상황을 배려하고 있다는 점을 고려하여 어떤 횟수라도 결제할 확률이 높다. 또한 이는 사람의 심리와도 연관이 있다. 제시된 정보 또는 인상이 나중에 제시된 정보보다 기억에 더 큰 영향을 끼치는 현상을 '초두 효과'라고 한다. 마치 "코끼리를 생각하지 마세요."라고 하면 무의식중에 코끼리를 생각하는 것과 같은 현상이다. 초두 효과로 인해 비싸다는 사실이 계속해서 뇌에 인식된다면 운동의 가치를 느끼더라도 구매로 전환되기는 어려울 수 있다. 이럴 때는 "저렴하진 않지만~"이라는 문장으로 바꾸어 표현함으로써 '저렴'이라는 정보에 대한 초두 효과를 노릴 수 있다. 그러면서 위에서 말했던 가치 대변자를 끌어오면서 또 하나의 군중심리를 이용하여 문장을 완성하면 효과적이다. "저렴하진 않지만, 저희에게 레슨을 받아보신 고객님들의 만족도가 높고, 모두 저희와 운동하길 잘했다고 말씀하시더라고요!" 이렇게 다수가 그렇게 느낀다는 것을 강조하고 다른 회원들의 비포-애프터와 후기를 보여주면서 프레임을 전환하고, 운동을 하기 위해 상담을 받으러 온 것을 다시 상기시킨다. 이러한 화법과 세일즈 방법은 더 높은 확률로 구매 전환을 이룰 수 있다.

고객 질문 두 번째,
다른 곳도 둘러보고 와도 될까요?

다른 서비스에 비해 본인의 의지와 능동적인 행동력이 필요한 '운동'은 하루아침에 의지가 확 꺾여버리는 경우가 많다. 이러한 특성 때문에 다시 돌아와서 결제할 확률이 낮은 것이다. 열심히 시간을 투자해서 상담을 진행했는데, 고객이 "다른 곳도 둘러보고 와도 될까요?"라고 했을 때 흔쾌히 보내준다면 그 강사는 앞으로도 성공적인 상담 마무리를 하기 어려울 수 있다. 왜냐하면 세일즈는 적절한 선에서 고객의 이야기를 한 번 더 들어볼 줄도 알아야 하고, 협상과 제안도 할 줄 알아야 하기 때문이다. 하지만 안타깝게도 세일즈하는 것이 고객의 돈을 뺏는 행동이라 생각하면서 미안하고 부담스러운 마음에 제안조차 하지 못하는 강사도 많이 보았다.

위의 경우와 마찬가지로 이를 해결하는 방법이 2가지 있다.

| 첫 번째 방법은 해당 지역에서 상위 5위 안에 들어가는 것이다.
상위 노출이 되어있고 기본적인 브랜딩 작업을 꾸준하게 해두었다면 고객은 다른 곳을 둘러보고 올 생각으로 센터를 방문하지 않을 거다. 온라인에서 이미 간접 경험을 하고, 신뢰가 어느정도 생긴 상태라 대부분 결제까지 하기 위해 방문했을 가능성이 더 높다. 그러니 고객을 만나기 전부터 센터를 브랜드화하는 작업을 꾸준히 해야 한다.

▎두 번째 방법은 고객의 의지를 돈으로 치환하는 것이다.

고객도 다양한 사정으로 인해 정말 당일에 결제하기 어려운 경우도 있다. 이때도 10%의 계약금이나 1회 체험수업 비용 정도는 결제하도록 권유해야 한다. 특히나 운동을 처음 하는 사람들은 단순히 본인 의지만으로 운동을 시작하기에는 장애물이 너무 많다. 그러니 약간의 강제성을 두어서라도 운동을 시작하게끔 도와주어야 한다. 그중 가장 효과적인 방법이 고객 스스로 운동 의지를 돈으로 사는 것이다. 초반에는 이러한 마인드로 운동을 시작했을지라도 운동을 진행하면서 그 참 가치를 느끼게 되고 점점 운동에 흥미를 붙이게 되는 고객도 많다. 그러니 어떻게든 수업이 시작될 수 있도록 장치를 마련해 보고 PT를 시작했다면 운동에 흥미를 붙일 수 있도록 최선을 다하면 된다. 운동을 통해 고객의 니즈가 충족되고 눈으로 보이는 변화가 생긴다면 그때부터는 흥미와 동기가 절로 생겨 고객이 자발적으로 결제를 하게 될 것이다.

마지막 하나 더 알려주겠다. 나는 상담을 진행할 때 총 3단계로 진행한다. 1단계에서는 구두 상담을 진행하고 2단계에서는 체형 평가와 체성분 검사를 진행한다. 마지막으로 3단계에서는 다양한 운동 수행 능력 평가 테스트를 진행한다. 이때 1단계 구두 상담이 끝나고 다음 2단계로 넘어가기 전에 고객에게 세일즈 북을 보여주면서 2단계 체형 평가 방법과 PT 수업이 진행되는 방향, 고객 관리법 등을 설명한 다음 가격까지 먼저 안내한다. 센터의 수업 가격이 어느 정도 되는지 가늠한 상태에서 체형 평가와 각종 테스트를 진행해야 고객 입장에서도 가격에 대한 가치를 평가할 수 있다.

만약 고객이 가격을 전혀 모르는 상태에서 상담을 계속 이어 나간다면 서비스가 좋다고 평가하다가도 '도대체 이 센터 PT 가격은 얼마인 거지?'라는 생각으로 인해 오로지 현장에만 제대로 집중하기 어려울 수 있다.

그리고 우리 센터에 등록하는 것이 망설여지는 이유가 있는지 물어보는 것도 좋다. 고객의 의견에 귀를 귀울인다면 개선이 필요한 부분에 대한 정말 귀한 피드백을 받을 수 있다. 또한 의견을 제시한 고객에게 불쾌한 감정을 드러내기보다 존중하는 태도를 보인다면 고객의 신뢰도 또한 높아질 수 있다. 지금 당장 구매 전환이 이루어지지 않아도 우리 센터의 부족한 점을 알 수 있는 기회가 생길지도 모른다. 지금 당장 우리 센터에서 운동을 하지 않는다 하더라도 고객의 고민과 결제 방해 요소를 들으면서 고객의 진짜 니즈를 파악하고 그 문제점을 해결할 방법을 제시한다면 구매 전환율은 점차 올라갈 것이다.

고객 질문 세 번째,
한 달 뒤에 다시 와서 결제해도 되나요?

이 경우는 두 번째와 비슷한 사례이지만 결이 조금 다르다. 실제로 계약서까지 작성도 하고 이 센터에서 운동하고 싶어 하는 고객의 사례이기 때문이다. 이때 상담자는 매우 혼란스럽다. 이 정도까지 했으면 진짜 다음 달에 오셔서 결제도 하고 운동도 배우러 오실 것 같은데 어쨌든 실제로 결제를 한 것은 아니니 매니징을 시작해야 할지 말아야 할지 고민한다.

나 또한 실제로 계약서 작성까지 다 진행했지만 당장 결제할 수단이 없어서 다음 주부터 시작하겠다고 말한 고객을 경험한 적이 있다. 상담이 끝나고 고객에게 다음 주에 뵙자고 연락했는데 꽤 오랫동안 연락을 보지 않았다. 결국 해당 고객을 다시 볼 수 없었다. 나는 안타깝게도 나의 가치를 증명할 수 있는 기회를 드리지 못했고, 운동이라는 것을 배우러 오신 분을 어떠한 장치도 없이 다시 내보냈다. 본인 트레이닝에 자신과 믿음이 있는 강사라면, 고객이 본인에게 수업을 받지 않고 다른 강사에게 수업을 받는다고 상상할 때 마음이 좋지 않을 것이다. 그래서 나와 같은 실수를 하지 않았으면 하는 바람에 3가지 경우에 대하여 해결 방법을 제시하고자 한다.

| 첫 번째, 결제할 카드는 아니지만 다른 카드를 소지하고 있는 경우

"네, 한 달 뒤에 결제하셔도 문제 되지 않습니다. 다만, 저희가 회원 관리 시스템에 고객님의 정보를 입력하기 위해선 해당 프로그램 가격의 50%(또는 총금액에서 10%의 계약금)는 결제를 해주셔야 등록 및 혜택 제공이 가능합니다. 지금 가지고 계신 카드 중 하나로 우선 결제만 해주시고, 한 달 뒤에 재결제하실 때 전액 취소 후 다시 결제해 드릴 수 있습니다."

| 두 번째, 카드 자체를 소지하지 않은 경우

"카드를 지참하지 못하셨다면 간편 결제 서비스(네o버페이/카0오페이/페0코 등)로 결제가 가능합니다. 제가 지금 링크를 고객님께 메시지로 보내드릴 테니 결제해 주시면 됩니다. 해당 서비스는 무이자 혜택도 폭넓게 구성되어 있어서 더욱 이용하시기에 좋습니다. 현재 선생님들의 수업이 100% 예약제로 진행되고 있어 미리 결제가 이루어져야 관리가 시작되는 점 양해 부탁드립니다."

| 세 번째, 카드도 없고 간편 결제 서비스 등록도 안 되어 있는 경우

"그렇다면 현재 저희가 시스템에 등록할 수 있도록 계약금 10%를 입금해 주시면 됩니다. 그리고 첫 수업 때 나머지 차액을 결제해 주시면 됩니다. 운동은 마음먹었을 때 빠르게 진행하신 분들이 비포-애프터도 잘 나오고 효과도 많이 보셨습니다! 저희를 믿고 시간 내서 오셨는데 이번 기회에 운동 제대로 배워보세요. 나중에 혼자서도 하실 수 있도록 잘 알려드리겠습니다."

강사 질문 첫 번째,
부모님이 허락해야 결제가
가능하다고 할 땐 어떻게 해야 할까요?

결제권이 본인에게 없고 부모나 배우자에게 있는 경우도 분명히 있다. 상담자는 정말 상담만 받으러 온 것이다. 그중 대부분은 결제할 때 "~와 상의해 보고 결정해야 할 것 같다."라고 말한다. 그래서 어쩔 수 없이 그냥 돌려보내는 경우가 많다. 하지만 이런 상황에서 진짜로 다시 돌아와서 결제하는 경우가 많지 않다. 어찌 보면 누군가의 허락이 필요하다는 것은 현장을 벗어나기 위한 표면적인 이유일 수도 있다(당신의 상담이나 체험수업이 마음에 들지 않았을 수도 있다).

고객 입장에서는 당연히 결제 전에 상의가 필요할 수 있다. 이러한 경우 상담자는 다음에 결제권자가 반드시 현장으로 올 수 있게끔 유도해야 한다. 만약 고객이 현장에서 결제권자와 직접 통화를 해서 확정을 받고 일부 금액이라도 결제한다면 센터 상황에 맞게끔 다양한 혜택을 제공해도 좋다.

하지만 결제권자와 통화를 하기 어려운 경우에는 이러한 방법을 활용해도 좋다. 결제권을 가진 분과 함께 체험수업을 같이 오라고 제안하는 것이다. 이렇게 체험수업 1회라도 결제하도록 하는 것이 좋다. 나 또한 이 방법을 통해 상담 이후에 체험수업 일정을 다시 한번 더 잡았고, 체험수업까지 진행한 후 결제까지 많이 성공했다. 성공률이 높은 이유는 고객이 처음 방문했을 때보다 두 번째 방문했을 때 훨씬 더 센터 분위기에 익숙해져 있기 때문이다. 따라서 처음보다 경계심을 풀고 그만큼 열린 마음으로 센터의 서비스를 받을 수 있다.

강사 질문 두 번째,
1회당 가격을 올리고 싶은데
어떻게 해야 할까요?

당신의 실력이 객관적으로 1회당 단가를 올려도 고객이 납득할 수 있을 때 가격 인상을 진행해야 한다. 평소 수업 때 고객들에게 "선생님 수업 퀄리티에 비해 가격이 너무 싼 것 아닌가요?"라는 말을 직접적으로 몇 번 들어본 강사라면 시도해 볼 법하다. 또한 이 방법은 스케줄이 포화되어 더 이상 수업받기는 어려운데 본인을 보고 오는 고객이 많을 때 진행하는 것이 좋다.

예를 들어 센터에서 진행하는 가격이 10회, 20회, 30회가 60만 원, 100만 원, 120만 원 이렇게 구성되어 있다고 가정해 보자(편의상 VAT는 별도로 두고 계산하겠다). 10회는 1회당 60,000원이고, 20회는 1회당 50,000원, 30회는 1회당 40,000원이다.

만약 당신의 수업이 횟수에 상관없이 1회당 60,000원의 가치라면 20, 30회 가격도 1회당 60,000원에 맞춰서 계산하면 된다. 다만 고객 입장에서도 한 번에 큰 금액을 결제할 때 혜택을 받는 것이 좋으니 융통성 있게 서비스 횟수 정도는 제공해 드리는 것이 좋다.

이때부터는 고객도 센터의 표준 가격보다는 선생님의 수업 가치로 금액을 따진다. 그러므로 충분히 긍정적인 비포-애프터 결과가 나왔고 수업 만족도가 높다면 본인의 가치를 올리는 시도를 해봐도 괜찮다.

강사 질문 세 번째,
고객이 가격 부담으로 망설일 때는
어떻게 해야 할까요?

상담하다 보면 결제 직전인 계약서 작성 단계에서 결제를 다시금 망설이는 고객들이 있다.

이 경우는 대부분 이미 소비한 카드값 또는 예상했던 소비 계획보다 지출이 큰 상황이다. 그래서 결제에 부담을 가질 수밖에 없다. 이럴 때는 2가지 방법을 사용할 수 있다. 계약서에 특약을 넣어서 분할로 결제하는 방법과 간편 결제 서비스로 무이자 할부를 활용하는 방법이다.

| 첫 번째로 계약서에 특약을 넣어 분할로 결제하는 방법이다.

약 30회에 180만 원이라면 계약서 조항에 15회씩 90만 원씩 결제하는 특약을 넣고 90만 원을 선결제한다. 다만 이때는 전체 횟수에서 2/3정도 진행되었을 때 차액을 재결제하는 조건으로 진행하고, 만약 불가피한 상황으로 약속한 15회를 결제하지 못할 경우 15회 정상가 기준 가격으로 남은 차액을 결제해야 한다는 조항을 넣고 고객과 협의한다. 이렇게 했을 때 단기적으로는 큰 목돈이 들어오지 않으니 손해라고 생각할 수 있다. 그러나 현재 소비할 수 있는 여력이 안 되는 고객에게 고민하는 시간을 주는 것보단 현명한 방법이다. 또한 트레이닝으로 고객을 충분히 만족시킨다면 자연스럽게 재결제로 이어질 것이다.

┃ 두 번째로 '간편 결제 서비스'를 활용하여 무이자 할부로 결제하는 방법을 살펴보자.
운동업계는 폐업률이 높아서 카드사에서 무이자 할부를 쉽게 허가해 주지 않는다. 고객 입장에서는 할부도 부담인데 이자까지 붙는다면 당장 결제하지 않고, 등록을 고민할 수도 있다. 하지만 고객의 카드가 간편 결제 서비스에 등록되어 있다면 보통 3개월부터 그 이상의 개월 수까지 무이자로 할부 결제가 가능하다.

┃ 마지막으로 고객에게 PT는 '소비'가 아니라 본인의 몸을 위한 '투자'임을 지속적으로 알려줘야 한다.
소비는 회수하기 어렵지만 투자는 회수가 가능하다. 제대로 배운 PT 20회는 앞으로 평생 혼자 운동할 수 있는 습관과 능력을 만들어 주며 무엇보다 남의 몸이 아닌 나의 몸을 예쁘고 멋지게 가꾸기 위한 투자라는 점을 꾸준히 이야기해야 한다.

강사 질문 네 번째,
매월 지출하는 소액을 모아서 PT에 투자
하라고 하는 세일즈 방법은 괜찮을까요?

과거 운동업계에서는 고객이 가격 때문에 결제를 망설일 때, 매일 지출하는 커피값을 모아서 PT에 투자하면 어떻겠냐는 제안을 하는 곳이 많았다. 즉 무언가에 투자하기 위해서 지금 당장 줄일 수 있는 소비 중에 다소 적은 금액이지만 매일 발생하는 소비재를 줄여보자는 것이 이말의 핵심이다. 물론 한정된 자원 안에서 모든 것을 다 가질 수 없으므로 어느정도는 맞는 말이다.

하지만 현재는 이 전략이 다수에게 큰 효과가 없다는 것이 내 생각이다. 요즘 트렌드를 보면 사람들은 본인이 기존에 유지하는 것을 굳이 포기해 가면서 무언가를 구매하려고 하지 않는다. 이제는 하루에 1잔 마시던 커피마저도 포기하고 운동에 투자하고 싶어 하는 사람들이 많지 않다는 것이다. 심지어 그 돈을 다 모은다고 해도 온전히 PT 비용이 될 수 없을뿐더러 무언가를 얻을 때보다 포기할 때 더 힘들어지는 심리 현상도 발동한다. 따라서 적절한 상황에서는 효과적인 방법일수도 있겠지만 적극 추천하는 세일즈 방법은 아니다.

강사 질문 다섯 번째,
고객에게 어느 정도 선을 지켜야 할까요?

고객과의 적절한 거리를 두는 방법은 2장에서 소개했다. 이번에는 대화 상황과 트레이닝 상황에서 선을 넘는 2가지 경우에 관하여 말해보겠다.

| 첫 번째는 고객과의 대화에서 선을 넘는 행위이다.

가장 첫 번째는 당연히 존대하지 않고 반말과 존댓말을 섞어서 하거나 심지어는 아예 반말을 하는 경우다. 이 경우는 고객을 자기보다 아랫사람을 대하는 태도인 강사도 있겠지만, 의도치 않게 수업 도중 자신도 모르게 나오는 경우도 있다. 하지만 고객에겐 어떠한 상황에서도 대화의 선을 넘지 않으려 주의해야 하고, 가급적 정치, 종교, 연애와 같은 사적인 대화는 더욱 자제하는 것이 좋다.

특히 이러한 실수는 트레이너가 스스로 고객과 유대 관계가 형성되었다고 생각했을 때 가장 많이 발생한다. PT를 20회, 30회, 50회 넘게 하고 거의 1년 정도 보았으니, 그래도 된다고 생각해서 고객의 사생활을 너무 쉽게 물어보거나 고객 입장에서는 분명히 눈치를 주었음에도 불구하고 이를 파악하지 못할 때 생기는 문제다. 고객이 정당하게 비용을 지불하고 서비스를 제공받는 소비자라는 것을 망각하게 되면 이러한 문제가 발생한다.

두 번째는 트레이닝을 할 때 선을 넘는 행위이다.

이 경우는 현재도 매우 논란이 되고 있고, 고객이 직접적인 불쾌감을 느끼는 경우에 해당한다. 이에 대해 좀 더 자세히 살펴보자.

현재 운동업계를 보면 여자 강사보다 남자 강사의 수가 더 많다. 그런데 대부분의 여자 고객들이 여자 강사를 선호하는 경향이 있다. 그렇다면 왜 여성 고객은 남자 강사보다 여자 강사를 원하는지 고민해 보고 해결책을 찾으면 된다.

대표적으로 여자 강사는

1. 근육을 촉지하는 터치가 상대적으로 자유로운 편이다.
2. 여자만이 알 수 있는 호르몬의 변화를 잘 이해하고 솔루션을 제공할 수 있다.
3. 남자 강사보다 섬세하게 관리한다.

이 3가지로 정리를 해보았다. 그런데 여기서 남자 강사가 물리적으로 하지 못하는 부분은 없다. 만약 1번에서 선을 넘었다면 대부분 고객이 예민한 것보다는 강사가 제대로 촉지하지 못한 경우가 훨씬 많다. 운동 중인 근육을 더듬거리지 않고 명확하게 촉지하거나 손등으로 촉지하는 등 불쾌한 행동만 하지 않는다면 전혀 문제가 되지 않는다. 고객또한 강사가 명확하게 촉지를 한다면 불쾌한 기분을 느끼지 않는다.

2번 또한 교육과 공부로 충분히 보완할 수 있다. 요즘은 여성 생리주기 트레이닝과 관련하여 다양한 교육이 대중화되어 있으므로 충분히 학습이 가능하기 때문이다. 마지막 3번도 성별과 상관없이 고객에게 면밀하게 관심을 가지고 진행한다면 충분히 관리가 가능하다.

누구나 다 모든 사람을 다 이해할 수는 없다. 하지만 호불호가 엇갈리지 않도록 고객을 트레이닝하고 관리하는 것은 가능하다. 또한 반대로 고객이 강사에게 선을 넘는 질문이나 행동을 할 수 없도록 센터의 문화와 분위기를 조성하는 것도 중요하다. 이러한 점에서 센터의 대표와 강사가 함께 문화를 만들면서 합심해야 한다.

강사 질문 여섯 번째,
고객이 예약 후 노쇼를 많이 합니다.
해결 방법이 없을까요?

이와 관련해 한 가지 사례를 말해보고자 한다.

내가 다니는 병원은 예약한 날 하루 전에 "내일은 병원을 방문하셔야 하는 날입니다."라는 문구로 문자를 보냈다. 그런데 최근에 "약속한 날 오실 수 있는지 이야기를 해주셔야 환자들 모두가 원하는 치료를 받을 수 있습니다."라는 새로운 문구로 문자를 보냈더니, 노쇼가 훨씬 줄었다고 한다.

또한 어느 한 식당은 예약받을 때 "예약 변경이나 취소를 원하시면 미리 전화를 부탁드립니다."라고 말하는 대신 "예약 변경이나 취소를 원하시면 미리 전화를 주시겠습니까?"라고 묻고 나서 잠시 기다리며 답변을 받았다. 그러자 노쇼 비율이 30%에서 10%까지 급감했다고 한다.

이 또한 사람의 심리를 활용하는 방법의 하나다. 책 《설득의 심리학》에서는 다른 사람 앞에서 일단 어떤 입장을 취하면, 일관성 있는 사람으로 '보이기' 위해 그 입장을 고수하려는 욕망이 생긴다고 말한다. 왜냐하면 일관성을 지니는 사람을 사회적으로 '선'

에 가까운 사람이라고 생각하기 때문이다.

이렇듯 노쇼를 줄이기 위해서는 같은 내용이라도 예약 안내 문자를 보낼 때 고객이 공개적인 입장 표명을 하게 함으로써 약속을 지킬 확률을 높이는 방법을 활용할 수 있다.

또한 내가 현장에서 적극 활용하는 방법은 전날에 미리 변수를 언급하는 것이다. 예를 들어 고객이 방문하는 날에 비가 온다고 가정해 보자. 비가 오는 경우 평소보다 고객이 예약을 취소할 확률이 조금 더 높다. 그래서 전날에 미리 이렇게 예약 안내 문자를 보낸다.

"안녕하세요, ○○ 님, ○○센터입니다. 내일 예약하신 ○○시에 뵙도록 하겠습니다! 다만 내일 오후에 비 소식이 있으니, 우산도 꼭 챙겨주세요 :)" 이렇게 문자를 보낸다면 고객은 다음 날 비가 오더라도 쉽게 취소하기가 어렵다. 이렇듯 변수를 먼저 언급해서 알려준다면 노쇼도 방지하고 센스있는 센터 또는 강사가 될 수 있으니 이 방법을 꼭 활용해 보길 바란다.

Now and forever, sales

책 《파는 것이 인간이다》에 이런 문구가 있다.

"의사는 환자에게 처방을 판다. 변호사는 배심원에게 평결을 판다. 선생은 학생들이 수업 시간에 주의를 기울일 만한 구애를 하고, 작가는 출판사에 감미로운 이야기를 하며, 감독은 선수를 부추긴다. 직업이 무엇이든, 우리는 동료에게 프레젠테이션을 하고, 새로운 고객에게 피치를 한다. 사장이 예산을 더 책정하도록 권유하기도 하고, 인사관리팀에서 휴가를 더 주도록 설득하기도 한다."

루이지애나에서 6학년 과학을 가르치는 홀리 위트 페이튼은 "나는 아이들에게 내가 가르치는 과학이 그 무엇보다 가장 흥미로운 수업이라는 사실을 판매합니다"라는 말에 덧붙여 "저는 스스로를 세일즈맨이라고 생각해본 적은 없습니다만, 우리 모두가 결국 세일즈맨이라는 사실을 깨닫게 되었습니다."라고 말했다.

우리의 인생에서 '세일즈'는 직접적인 판매로 이어지는 판매 세일즈와 일상생활에서 이루어지는 수많은 의사결정들을 포함한 비판매 세일즈로 나뉜다. 무엇이 되었든 결국 우리는 한평생 살아가면서 세일즈를 진행한다.

이 책에 관심을 가지고 읽었다면 지금보다 더 세일즈를 잘하고 싶거나 세일즈가 부족하다고 생각하는 사람일 것이다. 하지만 앞서 강조했듯이 무엇보다 '본질'을 먼저 생각하고 준비한 뒤, 구매 전환율을 높이는 방법의 하나로 세일즈 능력을 키우길 바란다.

물론 세일즈의 능력이 발휘되어야 비로소 우리 센터의 가치를 증명하고 효과를 입증할 수 있다.

PT라는 서비스는 전자제품이나 의류와 같은 제품과 달리 디자인, 성능 등을 정확하게 수치화할 수 없기 때문이다. 다만 그렇기에 가치가 무한히 올라갈 수 있다.

영업 사원 같은 세일즈맨이 되라는 것이 아니다. 강사 한 사람 한 사람이 고객이 건강과 운동의 가치를 느끼도록 도와주는 조력자가 되어 운동업계의 이미지가 더욱 좋아지기를 바란다.

나 또한 대형 센터에서 처음 트레이너로 일하기 시작했을 때 트레이닝 방법론이나 해부학, 생리학, 영양학 같은 전공 지식이 아니라 세일즈를 먼저 배웠다. 첫해에는 매출도 높고 고객에게 인기도 좋아 유능한 트레이너가 된 것 같았지만 2~3년 차가 되었을 때 스스로 한계를 느꼈다. 또 경력이 쌓이면 쌓일수록 진로에 대한 고민도 깊어져 오랜 시간 슬럼프를 겪었던 기억이 있다. 지금 돌아보니 처음에 천천히 매출을 높이더라도 전공 분야의 기본기를 다졌다면 오히려 더 빠르게 성장했을 거라는 생각이 든다.

화려한 언변으로 고객을 설득하는 능력보다는 결국 고객을 생각하는 진심과 고객의 니즈를 파악하여 문제를 해결해 주는 소통 능력이 중요하다는 것을 꼭 기억하길 바란다.

초판 1쇄 발행   2023년 11월 13일

저 자 안성주, 오경민
기 획 북티베이션
제 작 북티베이션
발행처 비엠북스

가 격 30,000원

ISBN 979-11-98405-54-8

책쓰기 컨설팅 문의
instagram/book.tivation